매일 1장
영어 쓰기 습관
100일의 기적

Basic

S 시원스쿨닷컴

매일 1장 영어 쓰기 습관
100일의 기적 Basic

초판 12쇄 발행 2024년 4월 2일

지은이 시원스쿨
펴낸곳 (주)에스제이더블유인터내셔널
펴낸이 양홍걸 이시원

홈페이지 www.siwonschool.com
주소 서울시 영등포구 영신로 166 시원스쿨
교재 구입 문의 02)2014-8151
고객센터 02)6409-0878

ISBN 979-11-6150-643-2
Number 1-120101-17171700-09

수년간
영어를 공부하고도
여전히 영어를 못한다고 느낀다면

지금 넘기는 이 첫 페이지가
당신의 가장 훌륭한 선택 중
하나가 될 것입니다.

매일 1장
100일

영어 쓰기 습관의
놀라운 기적

*Practice
makes
perfect.*

연습이
완벽을
만든다.

you. Love isn't something you find. Love is something that fi

e gives you strength, while loving someone deeply gives you courage. Being deep

ling someone. We accept the love we think we deserve. Love

be hated for what you are' than to be loved for what you are not.

ho knows all about you and still loves you. A friend is someo

is that condition in which the happiness of another person is essential

운전을 책만 읽고 할 수 있을까요?
악셀, 브레이크, 핸들을 어떻게 조작하는지
책만 읽고 마스터하면 갑자기 운전의 고수가 될까요? 아닙니다.
'내가 직접 운전을 해 봐야' 실력이 늡니다.

영어도 마찬가지입니다.
문법, 원어민이 자주 쓰는 단어와 표현들을
책만 읽고 머릿속에 다 넣으면 갑자기 영어를 잘하게 될까요? 아닙니다.
'그렇게 배운 영어를 직접 써 봐야' 실력이 늡니다.

유학 없이 배운 영어를 써 볼 수 있는
가장 가성비 좋은 학습법이 바로 '쓰기'입니다.
핵심 문장 100개와 나만의 문장 200개를 직접 쓰고 말하는
매일 1장 100일의 영어 쓰기 습관은
여러분을 더 이상 영어에 실패하지 않고
반드시 성공하게 만들어 줄 것입니다.

책의 구성 & 활용법

1 필기하기 편하도록 PUR 제본 방식으로 제작된 교재

본 교재는 필기를 편안하게 할 수 있도록 교재를 평평하게 펼쳐서 꾹꾹 눌러도 책이 파손되지 않고 필기를 안정적으로 할 수 있는 PUR 제본 방식으로 제작되었습니다. 또한 필기를 항상 '우측'에서 하기 때문에 대부분의 학습자에게 필기가 더욱 편안합니다.

2 학습 시작 전 기초 영어 지식 탑재하기

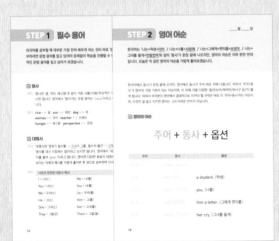

본격적인 학습을 시작하기 전 '[Preparation] 기본기 다지기' 섹션에서 기본적으로 알고 있어야 할 '(1) 필수 용어 / (2) 영어 어순 / (3) 영어 관사'를 학습합니다. 이러한 기초 지식을 미리 탑재해 두어야 매일의 학습을 훨씬 원활하게 진행할 수 있습니다.

3 매일 1개씩 100일간
100개의 핵심 문장 & 기초 영문법 학습

준비 학습을 끝낸 후 '[Chapter 01~10] 매일 1장 100일 영어 쓰기 학습'을 본격적으로 시작합니다. 매일의 쓰기 학습은 아래와 같이 '(1) 그날의 핵심 문장 파악 → (2) 문장 내 영문법+문장 구조+어휘' 학습부터 시작합니다.

DAY 001

___월___일

I am a big fan of Korean food.

나는 한식을 굉장히 좋아해.

문장 파헤치기

be동사 = am / are / is = ~이다
주어가 I(나는)일 때 be동사는 am

I am ___. = 나는 ___이다.

| I | am | a big fan of Korean food. |
| 나는 | ~이다 | 한식의 큰 팬 |

big = 큰 / fan = 팬 / of+명사 = ~의
big fan of+명사 = ~의 큰 팬
Korean = 한국의; 한국인 / food = 음식
Korean food = 한국의 음식, 한식

I am **a big fan of Korean food.**

[직역] 나는 한식의 큰 팬이다.
[의역] 나는 한식을 굉장히 좋아해.

24

그날의 학습
날짜를 적습니다.

그날의 핵심
문장이 무엇인지
파악합니다.

핵심 문장 속
기초 영문법을
학습한 후
문장 구조를
도식으로 파악,
이와 동시에
주요 영단어를
학습합니다.

4 매일 1장씩 100일간 300개 이상의 영어 문장 쓰기 훈련

그날의 핵심 문장 속에 녹아 있는 '기초 영문법, 문장 구조, 어휘'를 학습한 뒤엔 핵심 문장과 응용 문장을 직접 써 보고 마지막엔 모든 문장을 듣고 말하는 연습까지 해 봅니다. 영어 쓰기는 아래와 같은 흐름으로 진행하시면 됩니다.

문장 3번 따라 쓰기

→ 핵심 문장 1개를 3번씩 따라서 써 봅니다.

영작해서 2번씩 쓰기

① 저는 그녀의 작품을 굉장히 좋아해요.

힌트 her(그녀의)+work(일, 업무: 작품, 저작물) → her work = 그녀의 작품

② 저는 영화 동호회 회원이에요.

→ 배운 내용을 활용해 스스로 한글 문장 2개를 영작하여 각 2번씩 총 4번을 써 봅니다.

힌트 member = 회원 / film(영화)+club(클럽, 동호회) → film club = 영화 동호회

나만의 문장 써 보기

→ 나만의 문장도 1개 이상 만들어 직접 써 봅니다.

듣고 따라 말해 보기

영작 모범 답안

MP3_001

① I am a big fan of her work.

② I am a member of a film club.

→ QR코드를 찍어서 문장들의 음원을 듣고 따라 말하는 연습도 해 봅니다.

25

5 일일 학습 체크 일지 & 핵심 문법 총정리

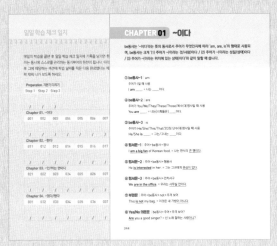

독학은 '공부 습관 관리'를 스스로 하는 것이 매우 중요합니다. 따라서 매일의 학습을 끝낸 후엔 교재 앞쪽 '일일 학습 체크 일지'에 학습 날짜를 기재한 뒤 학습을 완료했다는 체크 표시(O)를 꼭 하시기 바랍니다. 그리고 책 한 권의 학습을 끝낸 후엔 '핵심 문법 총정리' 섹션을 보며 지금까지 배운 내용을 복습합니다.

6 체계적인 3단계 수준별 매일 1장 영어 쓰기 학습 시리즈

'매일 1장 영어 쓰기 습관 100일의 기적'은 'Basic-Intermediate-Advanced'의 3단계 레벨을 따라가며 공부할 수 있는 시리즈 도서입니다. 본 교재는 'Basic'에 해당합니다.

Basic	기초 영문법 마스터 & 초급 문장 100+200개 쓰기 (기본 문형, 필수 시제, to부정사, 의문사 등 기초 영문법 학습)
Intermediate	고난도 영문법 마스터 & 중급 문장 100+200개 쓰기 (수동태, 완료 시제, 관계사절 등 고난도 영문법 학습)
Advanced	네이티브식 영어 표현 학습 & 상급 문장 100+200개 쓰기 (네이티브처럼 길고 매끄럽게 말하는 표현 확장 학습)

목차

일일 학습 체크 일지

매일의 학습을 끝낸 후 일일 학습 체크 일지에 기록을 남기면 뭔가를 성취했다는 뿌듯함을 느끼는 동시에 스스로를 관리하는 동기부여의 원천이 됩니다. 따라서 매일 1장 쓰기 학습을 끝낸 후 그에 해당하는 섹션에 학습 날짜를 적은 다음 완료했다는 체크 표시(O)를 하며 일지를 꽉 꽉 채워 나가 보도록 하세요.

Preparation. 기본기 다지기

Step 1	Step 2	Step 3

Practice makes perfect.

| / | / | / |

Chapter 01. ~이다

001	002	003	004	005	006	007	008	009	010

| / | / | / | / | / | / | / | / | / | / |

Chapter 02. ~한다

011	012	013	014	015	016	017	018	019	020

| / | / | / | / | / | / | / | / | / | / |

Chapter 03. ~인/하는 편이다

021	022	023	024	025	026	027	028	029	030

| / | / | / | / | / | / | / | / | / | / |

Chapter 04. ~였다/했다

031	032	033	034	035	036	037	038	039	040

| / | / | / | / | / | / | / | / | / | / |

Chapter 05. ~일/할 것이다

041	042	043	044	045	046	047	048	049	050
/	/	/	/	/	/	/	/	/	/

Chapter 06. to-동사원형

051	052	053	054	055	056	057	058	059	060
/	/	/	/	/	/	/	/	/	/

Chapter 07. 동사원형-ing

061	062	063	064	065	066	067	068	069	070
/	/	/	/	/	/	/	/	/	/

Chapter 08. 조동사

071	072	073	074	075	076	077	078	079	080
/	/	/	/	/	/	/	/	/	/

Chapter 09. 육하원칙 질문

081	082	083	084	085	086	087	088	089	090
/	/	/	/	/	/	/	/	/	/

Chapter 10. 문장+문장

091	092	093	094	095	096	097	098	099	100
/	/	/	/	/	/	/	/	/	/

매일 1장
영어 쓰기 습관
100일의 기적

PREPARATION

STEP 1 필수 용어

외국어를 공부할 때 대부분 가장 먼저 배우게 되는 것이 바로 '문법'입니다. 그리고 문법을 공부하려면 문법 용어를 알고 있어야 문제없이 학습을 진행할 수 있기 때문에 이번 시간엔 대표적인 문법 용어를 짚고 넘어가 보겠습니다.

📋 명사

정의   명사란 '쌀, 여자, 배고픔'과 같이 각종 사물/사람/추상적인 개념 등을 지칭하는 말이라고 보시면 됩니다. 영어에서 '명사'라는 문법 용어는 'noun'이라고 하며, 이를 줄여서 'n.'이라고 합니다.

예시   **rice** = n. 쌀 ∣ **sun** = n. 태양 ∣ **dog** = n. 개
       woman = n. 여자 ∣ **teacher** = n. 선생님
       hunger = n. 배고픔 ∣ **perspective** = n. 관점

📋 대명사

정의   대명사란 '영희가 철수를 → 그녀가 그를, 철수의 물건 → 그의 것, 이 책 → 이것'과 같이 각종 명사를 대신 지칭하는 말이라고 보시면 됩니다. 영어에서 '대명사'는 'pronoun'이라고 하며, 이를 줄여 'pron.'이라고 합니다. 영어엔 다양한 종류의 대명사가 있지만 한꺼번에 다 익히기보다는 아래의 예시를 가볍게 훑어본 후 앞으로 공부하며 서서히 익숙해지도록 하세요.

예시

사람과 관련된 대명사 예시		기타 예시
I = 나(는)	Me = 나(를)	This = 이것
You = 너(는)	You = 너(를)	That = 저것
We = 우리(는)	Us = 우리(를)	These = 이것들
He = 그(는)	Him = 그(를)	Those = 저것들
She = 그녀(는)	Her = 그녀(를)	It = 그것
They = 그들(은)	Them = 그들(을)	Which = 어느 것

📑 동사

정의   동사란 '먹다, 자다, 생각하다, 사랑하다, 짖다, 작동되다'와 같이 사람이나 사물의 동작과 추상적 행위를 나타내는 말이라고 보시면 됩니다. 영어에서 동사는 'verb'라고 하며, 이를 줄여서 'v.'라고 합니다.

예시   **eat** = v. 먹다 | **sleep** = v. 자다
      think = v. 생각하다 | **love** = v. 사랑하다
      bark = v. (개 등이) 짖다 | **work** = v. (기계 등이) 작동되다

📑 형용사

정의   형용사란 '예쁜, 친절한, 슬픈, 행복한, 차가운, 맛있는'과 같이 사람이나 사물의 성질이나 상태를 나타내는 말이라고 보시면 됩니다. 영어에서 형용사는 'adjective'라고 하며, 이를 줄여서 'adj.'라고 합니다.

예시   **pretty** = adj. 예쁜 | **kind** = adj. 친절한
      sad = adj. 슬픈 | **happy** = adj. 행복한
      cold = adj. 차가운 | **delicious** = adj. 맛있는

📑 부사

정의   부사란 '빨리, 완전히, 아주, 너무'와 같이 동사/형용사/문장을 강조하는 역할을 하는 말이라고 보시면 됩니다. 영어에서 부사는 'adverb'라고 하며, 이를 줄여서 'adv.'라고 합니다.

예시   **quickly** = adv. 빨리 | **totally** = adv. 완전히
      very = adv. 매우, 아주 | **too** = adv. 너무 (~한)

📑 전치사 & 접속사

정의   전치사란 '~안에, ~위에'와 같이 위치나 관계를 지칭할 때 쓰는 말, 그리고 접속사는 '~와, 하지만, 그래서'와 같이 둘 이상의 대상을 연결할 때 쓰는 말이라고 보시면 됩니다. 영어에서 전치사/접속사는 'preposition/conjunction'이라고 하며 이를 줄여서 각각 'prep./conj.'이라고 합니다.

예시   **in** = prep. ~안에 | **on** = prep. ~위에 | **under** = prep. ~아래에
      and = conj. ~와 | **but** = conj. 하지만 | **so** = conj. 그래서

STEP 2 영어 어순

한국어는 '나는+학생+이야. / 나는+너를+사랑해. / 나는+그에게+편지를+보냈어. / 나는+그녀를 울게+만들었어'와 같이 '동사'가 문장 끝에 나오지만, 영어의 어순은 이와 완전 반대입니다. 오늘은 이 같은 영어의 어순을 가볍게 훑어보겠습니다.

한국어에선 동사가 문장 끝에 오지만, 영어에선 동사가 주어 바로 뒤에 나옵니다. 따라서 '주어+동사'가 영어의 가장 기본이 되는 어순이며, 이 뒤에 각종 다양한 '옵션(보어/목적어/부사구 등)'이 붙게 됩니다. 따라서 여러분이 영어에서 절대적으로 지켜야 할 규칙은 바로 이 '주어+동사'라는 어순이며, 이것만 잘 알고 지키면 영어는 그리 어려운 언어가 아닙니다.

📒 영어의 어순

주어 + 동사 + 옵션

주어	동사	옵션
I (나는)	cried. (울었다)	
I (나는)	am (이다)	a student. (학생)
I (나는)	love (사랑한다)	you. (너를)
I (나는)	sent (보냈다)	him a letter. (그에게 편지를)
I (나는)	made (만들었다)	her cry. (그녀를 울게)

📋 주어+동사

이 문형은 영어에서 가장 기본적인 '주어+동사'로 끝나는 문형입니다.

I	cried.
나는	울었다.

📋 주어+동사+주격 보어

'주어가 ~(이라는 것/사람/상태)이다'라고 해석되는 문형이며, 여기서 '주격 보어'는 주어가 무엇이고 어떠한지 설명해 주는 보충어라고 보시면 됩니다.

I	am	**a student.**
나는	이다	학생.

📋 주어+동사+목적어

'주어가 ~을/를 ~하다'라고 해석되는 문형입니다.

I	love	**you.**
나는	사랑한다	너를

📋 주어+동사+간접 목적어+직접 목적어

'주어가 ~에게(간접 목적어) ~을/를(직접 목적어) ~하다'라는 뜻의 문형입니다.

I	sent	**him**	**a letter.**
나는	보냈다	그에게	편지를

📋 주어+동사+목적어+목적격 보어

'주어가 ~을/를 ~하게 만들다/시키다, 주어가 ~이/가 ~이라는 것을 보다/알다'와 같이 해석되는 문형이며, '목적격 보어'는 목적어가 뭘 하게 되는지[됐는지]/무엇인지/어떠한지 설명해 주는 보충어라고 보시면 됩니다.

I	made	**her**	**cry.**
나는	만들었다	그녀를	울게

STEP 3 영어 관사

만약 사과 1개를 먹었다면, 한국어로는 그냥 '나 사과 먹었어'라고 말해도 되지만 영어에선 꼭 '한 개의'라는 관사를 '사과' 앞에 붙여서 '나 한 개의 사과를 먹었어'라고 말해야 됩니다. 오늘은 이 같은 영어 관사에 대해 가볍게 살펴보겠습니다.

📋 부정관사

a, an

명사가 1개일 땐 '단수 명사'라 칭하고, 2개 이상일 땐 '복수 명사'라 칭합니다. 부정관사 a/an은 단수 명사 앞에 붙여 사용하며, 그 중에서도 '가산(셀 수 있는) 단수 명사' 앞에 붙여서 사용합니다. 그리고 가산 단수 명사가 '모음(a, e, i, o, u)'으로 시작하는 경우엔 an을 붙이고 그 외엔 모두 a를 붙입니다.

① a/an+가산 단수 명사

앞서 말했듯이 부정관사는 가산 단수 명사 앞에 붙게 되며, 특히 처음으로(혹은 일반적으로) 언급하는 가산 단수 명사 앞에 붙여서 씁니다.

> 예시 **a student** = (한 명의) 학생 / **a dog** = (한 마리의) 개
> **an apple** = (한 개의) 사과 / **a book** = (한 권의) 책

② 불가산 단수 명사 & 가산 복수 명사

불가산(셀 수 없는) 명사의 경우, 아무리 단수형이라 하더라도 앞에 부정관사를 붙여서 쓸 수 없습니다. 그리고 2개 이상의 가산 '복수' 명사는 명사 끝에 '-s'를 붙여서 복수임을 나타냅니다. 예시는 아래와 같습니다.

> 예시 **water** = 물 → a water (×) / **rice** = 쌀 → a rice (×)
> **information** = 정보 → an information (×)
> **student**s = 학생들 / **two apple**s = 사과 2개

📖 정관사

the

정관사 the는 크게 아래와 같은 상황에서 명사 앞에 붙여 사용하지만 이 외에도 무조건 the를 붙여서 말하는 표현들도 있으니(the sky = 하늘, the sea = 바다) 그 외의 것들은 공부해 나가며 외우시면 됩니다. 그리고 '모음(a, e, i, o, u)'으로 시작하는 명사 앞에 붙을 땐 '더[ðə]'가 아니라 '디[ðíː]'라고 발음됩니다.

① the+특정적인 대상

'(내가 가진) 차, (오늘 먹은) 햄버거'와 같이 콕 집어 특정적인(이미 알고 있는) 대상을 언급할 땐 앞에 the를 붙여서 말합니다.

> 예시 **the car** = (내가 가지고 있는 특정적인) 차
> **the hamburger** = (오늘 점심으로 먹은 특정적인) 햄버거

② the+유일무이한 대상

세상에 하나밖에 존재하지 않는 대상들 앞에 대부분 the를 붙여 말합니다. (하지만 the가 안 붙는 일부 예외가 있을 수 있음.)

> 예시 **the moon** = 달 / **the sun** = 태양
> **the earth** = 지구 / **the biggest country** = 가장 큰 나라

③ the+형용사

형용사 앞에 the를 붙이면 '~한 사람들'이라는 뜻이 됩니다.

> 예시 **the poor** = 영세민들 / **the rich** = 부자들
> **the young** = 젊은이들 / **the blind** = 시각장애인들

④ the+국적 형용사

국적 형용사 앞에 the를 붙이면 '~라는 나라 사람들'이라는 뜻이 됩니다.

> 예시 **the Korean** = 한국인들 / **the American** = 미국인들
> **the Chinese** = 중국인들 / **the English** = 영국인들

매일 1장

영어 쓰기 습관

100일의 기적

CHAPTER 01

~이다

DAY 001

I am a big fan of Korean food.

나는 한식을 굉장히 좋아해.

---

be동사 = am / are / is = ~이다
주어가 I(나는)일 때 be동사는 am

I am ____. = 나는 ____이다.

I	am	a big fan of Korean food.
나는	~이다	한식의 큰 팬

---

big = 큰 / fan = 팬 / of+명사 = ~의
big fan of+명사 = ~의 큰 팬
Korean = 한국의; 한국인 / food = 음식
Korean food = 한국의 음식, 한식

I am a big fan of Korean food.

[직역] 나는 한식의 큰 팬이다.
[의역] 나는 한식을 굉장히 좋아해.

문장 3번 따라 쓰기

영작해서 2번씩 쓰기

① 저는 그녀의 작품을 굉장히 좋아해요.

힌트 her(그녀의)+work(일, 업무; 작품, 저작물) → her work = 그녀의 작품

② 저는 영화 동호회 회원이에요.

힌트 member = 회원 / film(영화)+club(클럽, 동호회) → film club = 영화 동호회

나만의 문장 써 보기

듣고 따라 말해 보기

MP3_001

영작 모범 답안

① I am a big fan of her work.

② I am a member of a film club.

I'm not a good singer.

나는 노래를 잘 못 불러.

not = ~이 아닌 → be동사+not = ~이 아니다
I am = I'm

I'm not _____. = 나는 _____이 아니다.

I	am not	a good singer.
나는	~이 아니다	노래를 잘 부르는 사람

good = 좋은; 훌륭한, 능한
singer = 노래하는 사람, 가수
good singer = 훌륭한 가수, 노래를 잘 부르는 사람

I'm not **a good singer.**

[직역] 나는 노래를 잘 부르는 사람이 아니다.
[의역] 나는 노래를 잘 못 불러.

문장 3번 따라 쓰기

영작해서 2번씩 쓰기

① 난 노래는 잘 부르는데 춤은 잘 못 춰.

힌트 but = 그러나 → A but B = A지만 B이다 / dancer = 춤추는 사람

② 나는 중식을 별로 안 좋아해.

힌트 Chinese(중국의; 중국인)+food(음식) → Chinese food = 중국 음식, 중식

나만의 문장 써 보기

듣고 따라 말해 보기

영작 모범 답안

MP3_002

① I'm a good singer but I'm not a good dancer.

② I'm not a big fan of Chinese food.

_____월 _____일

I'm sick and tired of your nagging.

나 네 잔소리 듣는 거 지긋지긋해.

문장 파헤치기

be동사+형용사 = ~한 성질/상태이다
주어+be동사+형용사. = 주어는 ~한 성질/상태이다.

I'm 형용사. = 나는 ~한 성질/상태이다.

I	am	sick and tired	of your nagging.
나는	~이다	지긋지긋한	네 잔소리에

sick = 넌더리 나는; 아픈 / tired = 싫증난; 피곤한
sick and tired of 명사 = ~에 지긋지긋한
your = 너의; 너희들의
nagging = 잔소리(하는 것)

I'm sick and tired of your nagging.

[직역] 나는 네 잔소리에 지긋지긋한 상태이다.
[의역] 나 네 잔소리 듣는 거 지긋지긋해.

문장 3번 따라 쓰기

영작해서 2번씩 쓰기

① 나 네 변명 듣는 거 지긋지긋해.

힌트 your(너의) + excuses(변명들) → your excuses = 너의 변명들

② 난 스포츠엔 흥미 없어.

힌트 interested in + 명사 = ~에 관심[흥미] 있는 / sports = 스포츠

나만의 문장 써 보기

듣고 따라 말해 보기

영작 모범 답안

① I'm sick and tired of your excuses.

② I'm not interested in sports.

DAY 004

Are you available after work?

너 퇴근 후에 시간 있어?

문장 파헤치기

주어가 You(너는, 너희들은)일 때 be동사는 are

be동사+주어+____? = 주어는 ____이니?

Are you ____? = 너는[너희들은] ____이니?

Are	you	available	after work?
~이니?	너는	시간이 있는	퇴근 후에

available = 구할[이용할] 수 있는, 시간이 있는

after+명사 = ~후에

work = 일, 업무

after work = 업무 후에, 퇴근 후에

Are you **available** after work?

[직역] 너는 퇴근 후에 시간이 있는 상태이니?

[의역] 너 퇴근 후에 시간 있어?

문장 3번 따라 쓰기

영작해서 2번씩 쓰기

① 너 이번 주 금요일에 시간 있어?

힌트 this+요일 = 이번 주 ~요일에 → this <u>Friday</u> = 이번 주 금요일에

② 넌 남의 말에 잘 귀 기울이는구나.

힌트 listener = 듣는 사람 → good listener = 남의 말을 잘 듣는 사람

나만의 문장 써 보기

듣고 따라 말해 보기

영작 모범 답안

① Are you available this Friday?

② You are a good listener.

We are not on the same page.

우린 서로 생각이 달라.

주어가 we(우리는)일 때 be동사는 are
주어+be동사+전치사+명사. = 주어는 ~에 있는 상태이다.

We are not ＿＿＿. = 우리는 ＿＿＿이 아니다.

We	are not	on the same page.
우리는	~이 아니다	같은 페이지 위에 있는

same = 같은 / page = 페이지 / on+명사 = ~ 위에
on the same page = 같은 페이지 위에 있는
[사전적 의미] 정말 같은 책 페이지에 있는 상태
[비유적 의미] 생각/의견이 같은 상태

We are not **on the same page.**

[직역] 우리는 같은 페이지 위에 있는 상태가 아니다.
[의역] 우린 서로 생각이 달라.

문장 3번 따라 쓰기

영작해서 2번씩 쓰기

① 우린 같은 처지야.

힌트 in the same boat = 같은 배 안에 있는 (→ '같은 처지에 있는'이라는 비유적 의미)

② 우린 위험한 상황은 아니야.

힌트 dangerous(위험한)+situation(상황) → dangerous situation = 위험한 상황

나만의 문장 써 보기

듣고 따라 말해 보기

MP3_005

영작 모범 답안

① We are in the same boat.

② We are not in a dangerous situation.

DAY 006

He is strict about every little detail.

그분은 사소한 것 하나에도 엄격해.

문장 파헤치기

주어가 He(그는), She(그녀는)일 때 be동사는 is
영어에서는 위와 같이 '성별을 구별'해서 제3자를 지칭.

He/She is ____. = 그/그녀는 ____이다.

He	is	strict	about every little detail.
그는	~이다	엄격한	모든 작은 세부 사항에 대해

strict = 엄격한 / about+명사 = ~에 대해서
strict about+명사 = ~에 대해 엄격한
every = 모든 / little = 작은 / detail = 세부 사항
every little detail = 모든 작은 세부 사항

He is strict about every little detail.

[직역] 그는 모든 작은 세부 사항에 대해 엄격한 상태이다.
[의역] 그분은 사소한 것 하나에도 엄격해.

문장 3번 따라 쓰기

○

○

○

영작해서 2번씩 쓰기

① 걔(여자)는 모든 사람들에게 친절해.

○

○

힌트 friendly to+명사 = ~에게 친절한 / everyone = 모든 사람

② 그 사람(남자)은 그 어떤 것도 두려워하지 않아.

○

○

힌트 afraid of+명사 = ~을 두려워하는 / anything = 무엇(이든), 아무것(도)

나만의 문장 써 보기

○

○

○

듣고 따라 말해 보기

MP3_006

영작 모범 답안

① She is friendly to everyone.

② He is not afraid of anything.

35

DAY 007

They are so different from each other.

걔들은 서로 너무 달라.

문장 파헤치기

주어가 They(그들은, 그것들은)일 때 be동사는 are
so+형용사 = 매우 ~한

They are _____. = 그들은[그것들은] _____이다.

They	are	so different	from each other.
그들은	~이다	매우 다른	서로와

different = 다른
from+명사 = ~에서, ~로부터
different from+명사 = ~로부터(~와) 다른
each other = 서로

They are <u>so different</u> from each other.

[직역] 그들은 서로와 매우 다른 상태이다.
[의역] 걔들은 서로 너무 달라.

문장 3번 따라 쓰기

영작해서 2번씩 쓰기

① 걔들은 서로에게 굉장히 헌신적이야.

힌트 devoted to+명사 = ~에게 헌신하는

② 그것들은 환경에 좋지 않아.

힌트 good for+명사 = ~에 좋은 / environment = 환경

나만의 문장 써 보기

듣고 따라 말해 보기

MP3_007

영작 모범 답안

① They are so devoted to each other.

② They are not good for the environment.

DAY 008

Rachel is talented in so many ways.

레이첼은 다방면에서 재능이 있어.

문장 파헤치기

주어가 단수 명사일 땐 be동사가 is
주어가 복수 명사일 땐 be동사가 are

단수[복수] 주어 is[are] _____. = 주어는 _____이다.

Rachel	is	talented	in so many ways.
레이첼은	~이다	재능이 있는	매우 많은 면들에 있어서

talented = 재능이 있는
way = 길; 방법; 면모
many = 많은
in many ways = 많은 면들에 있어서

Rachel is **talented** in so many ways.

[직역] 레이첼은 매우 많은 면들에 있어서 재능이 있는 상태이다.
[의역] 레이첼은 다방면에서 재능이 있어.

문장 3번 따라 쓰기

영작해서 2번씩 쓰기

① 레이첼과 케빈은 많은 면에서 비슷해.

힌트 similar = 비슷한 / in many ways = 많은 면에 있어서

② 흡연은 네 건강에 좋지 않아.

힌트 smoking = 흡연 / your(너의)+health(건강) → your health = 너의 건강

나만의 문장 써 보기

듣고 따라 말해 보기

MP3_008

영작 모범 답안

① Rachel and Kevin are similar in many ways.

② Smoking is not good for your health.

This is one of my favorite spots.

여긴 내가 제일 좋아하는 곳 중 하나야.

This = 이 ~, 이것, 이 사람 → be동사는 is
That = 저/그 ~, 저/그것, 저/그 사람 → be동사는 is

This/That is ____. = 이것/저것은 ____이다.

This	is	one of my favorite spots.
이것은	~이다	나의 가장 좋아하는 장소들 중 하나

my = 나의 / favorite = 가장 좋아하는
my favorite + 명사 = 나의 가장 좋아하는 ~
one = 하나 → one of + 복수 명사 = ~들 중의 하나
spot = 장소

This is **one of my favorite spots.**

[직역] 이것은 나의 가장 좋아하는 장소들 중 하나이다.
[의역] 여긴 내가 제일 좋아하는 곳 중 하나야.

문장 3번 따라 쓰기

영작해서 2번씩 쓰기

① 이건 올해 최악의 영화 중 하나야.

힌트 <u>worst</u> movie = <u>최악</u>의 영화 / year = 연 → of the year = 이번 연도의, 올해의

② 그건 내 의도가 아니야.

힌트 my <u>intention</u> = 나의 <u>의도</u>

나만의 문장 써 보기

듣고 따라 말해 보기

영작 모범 답안

① This is one of the worst movies of the year.

② That is not my intention.

These shoes are too tight for me.

이 신발 나한테 너무 꽉 껴.

문장 파헤치기

These는 This의 복수형 → be동사는 are
Those는 That의 복수형 → be동사는 are

These/Those+명사 are ___. = 이/저 ~들은 ___이다.

These shoes	are	too tight	for me.
이 신발들은	~이다	너무 조이는	나에게

shoe = 신발 1짝 (신발은 2쪽이라 복수형 shoes로 사용)
too = 너무 / tight = 꽉 조이는, 딱 붙는
too tight = 너무 조이는[딱 붙는]
too tight for+명사 = ~에게 너무 조이는[딱 붙는]

These shoes are too tight for me.

[직역] 이 신발은 나에게 너무 조이는 상태이다.
[의역] 이 신발 나한테 너무 꽉 껴.

문장 3번 따라 쓰기

영작해서 2번씩 쓰기

① 이 바지 나한테 너무 꽉 껴.

힌트 pants = 바지 (바지는 다리가 2쪽이라 항상 −s가 붙은 복수형으로 취급)

② 이 두 사람은 내 이웃이야.

힌트 two = 2개(명)의 / people = 사람들 / my neighbor = 나의 이웃

나만의 문장 써 보기

듣고 따라 말해 보기

MP3_010

영작 모범 답안

① These pants are too tight for me.

② These two people are my neighbors.

매일 1장

영어 쓰기 습관

100일의 기적

CHAPTER 02

~한다

DAY 011

I work as
a freelance designer.

전 프리랜서 디자이너로 일해요.

문장 파헤치기

be동사를 제외한 '먹다(eat), 자다(sleep)'와 같은 모든 동사 → 일반동사
아래와 같은 1형식 문장에선 be동사가 아닌 '일반동사'가 쓰임.

[1형식] 주어+동사. = 주어가 ___한다.

I	work	as a freelance designer.
나는	일한다	프리랜서 디자이너로서

work = 일하다 / as+명사 = ~으로서
work as+명사 = ~으로서 일하다
freelance = 프리랜서로 일하는; 프리랜서로 일하다
designer = 디자이너

I work **as a freelance designer.**

[직역] 나는 프리랜서 디자이너로서 일한다.
[의역] 전 프리랜서 디자이너로 일해요.

문장 3번 따라 쓰기

영작해서 2번씩 쓰기

① 저는 마케팅 부서에서 근무합니다.

힌트 work in+부서 = ~라는 부서에서 일하다 / marketing department = 마케팅 부서

② 저는 커피숍에서 바리스타로 일해요.

힌트 work at+일터 = ~라는 일터에서 일하다 / coffee shop = 커피숍 / barista = 바리스타

나만의 문장 써 보기

듣고 따라 말해 보기

MP3_011

영작 모범 답안

① I work in the marketing department.

② I work at a coffee shop as a barista.

She looks young for her age.

그분은 나이에 비해 젊어 보여요.

주어가 '3인칭 단수(I, You를 제외한 모든 단수 명사)'일 땐 동사 끝에 '-s'를 붙임.
주격 보어 = 주어가 무엇이고 어떠한지 보충 설명해 주는 요소

[2형식] 주어+동사+**주격 보어**. = 주어가 _____이다/하다.

She	looks	young for her age.
그녀는	~해 보인다	그녀의 나이에 비해 젊은

age = 나이 → for one's age = ~의 나이에 비해
look+형용사 = ~해 보인다
look+형용사+for one's age = ~의 나이에 비해 ~해 보인다
young = 젊은, 어린 / her = [소유격] 그녀의

She looks **young for her age.**

[직역] 그녀는 그녀의 나이에 비해 젊게 보인다.
[의역] 그분은 나이에 비해 젊어 보여요.

문장 3번 따라 쓰기

영작해서 2번씩 쓰기

① 그분(남자)은 나이에 비해 늙어 보여요.

힌트 old = 늙은, 나이 든 / his = [소유격] 그의 → his age = 그의 나이

② 저희 엄마는 나이보다 더 젊어 보여요.

힌트 my mother = 나의 어머니 / younger = 더 젊은 / than + 명사 = ~보다

나만의 문장 써 보기

듣고 따라 말해 보기

MP3_012

영작 모범 답안

① He looks old for his age.

② My mother looks younger than her age.

I have a bad sense of direction.

난 길눈이 어두워.

문장 파헤치기

목적어 = 동사가 행동을 가하는 대상이 되는 것. ('~을'로 해석)
(ex) eat <u>dinner</u> = 저녁을 먹다 / clean <u>my room</u> = 내 방을 청소하다

[3형식] 주어＋동사＋**목적어**. = 나는 ____을 ____한다.

I	have	a bad sense of direction.
나는	갖고 있다	나쁜 방향 감각을

have = 가지다, 소유하다
sense = 감각 / bad = 나쁜 → bad sense = 나쁜 감각
bad sense of＋명사 = 나쁜 ~의 감각
direction = 방향

I have <u>a bad sense of direction.</u>

[직역] 나는 <u>나쁜 방향 감각을</u> 갖고 있다.
[의역] 난 길눈이 어두워.

문장 3번 따라 쓰기

영작해서 2번씩 쓰기

① 넌 유머 감각이 좋구나.

힌트 good sense = 좋은 감각 / humor = 유머

② 난 사람들 얼굴을 잘 기억해.

힌트 memory = 기억력 → memory for+명사 = ~에 대한 기억력 / face = 얼굴

나만의 문장 써 보기

듣고 따라 말해 보기

영작 모범 답안

① You have a good sense of humor.

② I have a good memory for faces.

DAY 014

He has such a quick temper.

걘 정말 다혈질이야.

3인칭 단수가 주어일 땐 동사 끝에 '-s'가 붙는다고 했는데
동사 'have(가지다)'는 'haves'가 되지 않고 'has'라는 형태로 바뀜.

3인칭 단수 주어+has+**목적어**. = 주어는 _____을 갖고 있다.

He	has	such a quick temper.
그는	갖고 있다	정말이지 급한 성미를

quick = 빠른 / temper = (걸핏하면 화내는) 성미, 울화통
quick temper = 울화통이 빨리 터지는 성미, 급한 성미
such = (정도를 강조하여) 너무나 ~한
such+명사 = 정말이지 ~인 것

He has such a quick temper.

[직역] 그는 정말이지 급한 성미를 갖고 있다.
[의역] 걘 정말 다혈질이야.

문장 3번 따라 쓰기

영작해서 2번씩 쓰기

① 걔(남자) 정말 성격이 좋아.

힌트 nice = 훌륭한 / personality = 성격

② 그분(여자)은 정말 아름다운 목소리를 가졌어.

힌트 beautiful = 아름다운 / voice = 목소리

나만의 문장 써 보기

듣고 따라 말해 보기

MP3_014

영작 모범 답안

① He has such a nice personality.

② She has such a beautiful voice.

It gives me goose bumps.

나 소름 끼쳐.

간접 목적어(간·목) = '~에게'로 해석되는 목적어
직접 목적어(직·목) = '~을'로 해석되는 목적어

[4형식] 주어＋동사＋간·목＋직·목. = 주어가 ____에게 ____을 ____하다.

It	gives	**me**	**goose bumps.**
이것은	준다	나에게	소름을

give = 주다
me = [목적격] 나
goose bumps = (추위, 공포로 인한) 소름
give＋사람[목적격]＋goose bumps = ~에게 소름을 주다

It gives **me goose bumps.**

[직역] 이것은 나에게 소름을 준다.
[의역] 나 소름 끼쳐.

문장 3번 따라 쓰기

영작해서 2번씩 쓰기

① 이것 때문에 머리 아파.

힌트 headache = 두통, 머리 아픔

② 여기 오싹하다.

힌트 place = 장소 / give+사람[목적격]+the creeps = ~에게 오싹함[섬뜩함]을 주다

나만의 문장 써 보기

듣고 따라 말해 보기

MP3_015

영작 모범 답안

① It gives me a headache.

② This place gives me the creeps.

This dress makes me look fat.

이 원피스 때문에 뚱뚱해 보여.

문장 파헤치기

목적격 보어(목·보) = 목적어의 상태/행동이 어떤지 보충 설명하는 요소
(ex) make me(목적어) laugh(목·보) = 나를 웃게 만들다

[5형식] 주어＋동사＋**목적어**＋**목·보.** = 주어가 ___을 ___하게 ___하다.

This dress	makes	**me**	**look fat.**
이 원피스는	만든다	나를	뚱뚱해 보이게

dress = 원피스
make = 만들다
make＋사람[목적격]＋동사원형 = ~을 ~하게 만들다
look＋형용사 = ~해 보인다 / fat = 뚱뚱한

This dress makes **me** **look fat.**

[직역] 이 원피스는 <u>나를</u> <u>뚱뚱해 보이게</u> 만든다.

[의역] 이 원피스 때문에 뚱뚱해 보여.

문장 3번 따라 쓰기

영작해서 2번씩 쓰기

① 여기 있으면 난 편안해.

힌트 this place = 이곳, 여기 / feel+형용사 = ~하게 느끼다 / comfortable = 편안한

② 이 노랜 매번 날 울게 만들어.

힌트 song = 노래 / cry 울다 / every time = 매번

나만의 문장 써 보기

듣고 따라 말해 보기

MP3_016

영작 모범 답안

① This place makes me feel comfortable.

② This song makes me cry every time.

I don't know anything about her.

난 걔에 대해 아무것도 몰라.

문장 파헤치기

do+not+동사원형(일반동사) = ~하지 않는다
do not = don't

주어+don't+동사원형. = 주어는 ____하지 않는다.

I	don't know	anything	about her.
나는	알고 있지 않다	아무것도	그녀에 대해서

know = 알다
anything = 무엇(이든), 아무것(도)
anything about+사람[목적격] = ~에 대해 무엇(이든)/아무것도
her = [목적격] 그녀; [소유격] 그녀의

I don't know **anything** about her.

[직역] 나는 그녀에 대해서 <u>아무것도</u> 알고 있지 않다.
[의역] 난 걔에 대해 아무것도 몰라.

문장 3번 따라 쓰기

영작해서 2번씩 쓰기

① 난 미신 안 믿어.

힌트 believe = 믿다 → believe in+명사 = ~을 믿다 / superstition = 미신

② 우린 이럴(이것을 위한) 시간이 없어.

힌트 time = 시간 → have time for+명사 = ~을 위한 시간이 있다

나만의 문장 써 보기

듣고 따라 말해 보기

MP3_017

영작 모범 답안

① I don't believe in superstition.

② We don't have time for this.

DAY 018

He doesn't listen to me at all.

걘 내 말은 절대 안 들어.

문장 파헤치기

부정문에서 '3인칭 단수'가 주어일 경우 → does not 사용
does not = doesn't.

3인칭 단수 주어＋doesn't＋동사원형. = 주어는 _____하지 않는다.

He	doesn't listen	to me	at all.
그는	귀 기울이지 않는다	내게	전혀

listen = 듣다, 귀 기울이다
listen to＋사람[목적격] = ~에게 귀 기울이다
me = [목적격] 나
at all = (부정문에서) 전혀

He doesn't listen **to me at all.**

[직역] 그는 전혀 내게 귀 기울이지 않는다.
[의역] 걘 내 말은 절대 안 들어.

문장 3번 따라 쓰기

영작해서 2번씩 쓰기

① 걘(여자) 돈엔 전혀 관심이 없어.

힌트 care = 관심을 가지다 → care <u>about</u>+명사 = ~에 관심을 갖다 / money = 돈

② 우리 아버지는 흡연이나 음주를 하지 않으셔.

힌트 smoke = 담배를 피우다 / drink = 마시다; 음주를 하다 / A <u>or</u> B = A이거나 B

나만의 문장 써 보기

듣고 따라 말해 보기

① She doesn't care about money at all.

② My father doesn't smoke or drink.

Do you know the answer to this question?

너 이 문제 정답 알아?

문장 파헤치기

일반동사가 들어간 Yes/No 의문문 → 문장 앞에 'Do(하다)'를 붙여서 만듦.
단, 3인칭 단수가 주어일 땐 Do가 아닌 Does를 사용.

Do/Does＋주어＋동사원형? = 주어는 ＿＿＿하니?

Do	you	know	the answer to this question?
~하니?	너는	알다	이 문제에 대한 정답을

know = 알다
answer = 대답; 정답[해답]
answer to＋명사 = ~에 대한 정답
question = 질문; 문제

Do you know <u>the answer</u> to this question?

[직역] 너는 이 문제에 대한 정답을 알고 있니?

[의역] 너 이 문제 정답 알아?

문장 3번 따라 쓰기

영작해서 2번씩 쓰기

① 넌 외계인이나 UFO를 믿니?

힌트 believe <u>in</u>+명사 = ~을 믿다 / alien = 외계인

② 걔(남자) 지금 여자 친구 있니?

힌트 girlfriend = 여자 친구 → have a girlfriend = 여자 친구가 있다 / now = 지금

나만의 문장 써 보기

듣고 따라 말해 보기

영작 모범 답안

① Do you believe in aliens or UFOs?

② Does he have a girlfriend now?

Let me tell you one thing.

너한테 뭐 하나 알려 줄게.

문장 파헤치기

상대방에게 '~하라/~하세요'라고 명령하는 명령문은
아래와 같이 '동사원형'으로 문장이 시작됨.

[명령문] 동사원형. = _____하라/하세요.

Let	me	tell	you	one thing.
~하게 허락하라	내가	말하다	너에게	한 가지를

let = (~하게) 허락하다
let+사람[목적격]+동사원형 = ~가 ~하게 허락하다
tell = 말하다 → tell+사람[목적격]+A(명사) = ~에게 A를 말하다
one(하나의)+thing(것) → one thing = 한 가지

Let me tell you one thing.

[직역] 내가 너에게 한 가지를 말하게 허락하라.
[의역] 너한테 뭐 하나 알려 줄게.

문장 3번 따라 쓰기

영작해서 2번씩 쓰기

① 질문 하나 할게요. (= 내가 질문을 물어볼 수 있게 허락하라)

힌트   ask+사람[목적격]+A(명사) = ~에게 A를 묻다

② 제가 뭘 좀 보여 줄게요. (= 내가 뭔가를 보여 줄 수 있게 허락하라)

힌트   show+사람[목적격]+A(명사) = ~에게 A를 보여주다 / something = 무언가

나만의 문장 써 보기

듣고 따라 말해 보기

영작 모범 답안

① Let me ask you a question.

② Let me show you something.

매일 1장

영어 쓰기습관

100일의 기적

CHAPTER 03

~인/한 편이다

DAY 021

This place is always full of people.

여긴 항상 사람들로 붐벼.

문장 파헤치기

'항상/대개/종종/가끔'과 같은 빈도수를 타나내는 표현들 = 빈도부사
always = 항상 (행동의 빈도수가 100%에 해당할 때 사용)

주어 + be동사 + **always** + 주격 보어. = 주어는 **항상 _____**이다.

This place	is	**always**	full of people.
이곳은	~이다	항상	사람들로 가득한

full = 가득한, 빈 공간이 없는
full of + 명사 = ~으로 가득한
people = 사람들
full of people = 사람들로 가득한

This place is **always full of people.**

[직역] 이곳은 항상 사람들로 가득한 상태이다.
[의역] 여긴 항상 사람들로 붐벼.

문장 3번 따라 쓰기

영작해서 2번씩 쓰기

① 걔(남자) 방은 항상 정돈돼 있고 깨끗해.

힌트 his <u>room</u> = 그의 방 / neat = 정돈된, 깔끔한 / clean = 깨끗한

② 그 사람(남자)은 항상 본인 상사들에게 예의가 발라.

힌트 polite <u>to</u>+사람[목적격] = ~에게 예의가 바른 / his <u>superior</u> = 그의 상사

나만의 문장 써 보기

듣고 따라 말해 보기

MP3_021

영작 모범 답안

① His room is always neat and clean.

② He is always polite to his superiors.

I usually eat cup noodles for lunch.

난 보통 점심에 컵라면을 먹어.

usually = 대개, 보통 (행동의 빈도수가 약 80% 정도일 때 사용)
빈도부사의 기본 위치 = 문장 내 일반동사 앞 & be동사 뒤

주어+**usually**+일반동사. = 주어는 **대개[보통]** _____한다.

I	usually	eat	cup noodles	for lunch.
나는	보통	먹는다	컵라면을	점심으로

eat = 먹다; 식사하다
lunch = 점심 → for lunch = 점심으로
eat 명사 for lunch = 점심으로 ~을 먹다
cup noodles = 컵라면 ('noodle = 1개의 면 가닥'이므로 복수형으로 사용)

I usually eat cup noodles for lunch.

[직역] 나는 보통 점심으로 컵라면을 먹는다.
[의역] 난 보통 점심에 컵라면을 먹어.

문장 3번 따라 쓰기

영작해서 2번씩 쓰기

① 난 보통 아침에 샌드위치를 먹어.

힌트 sandwich = 샌드위치 / breakfast = 아침

② 우린 대개 TV 앞에서 식사를 해.

힌트 in front of + 명사 = ~의 앞에(서)

나만의 문장 써 보기

듣고 따라 말해 보기

I often go for a walk to a nearby park.

난 인근 공원에 자주 산책하러 가.

often = 자주 (행동의 빈도수가 약 60% 정도일 때 사용)
앞서 배운 usually보다는 빈도수가 살짝 떨어진다고 보면 됨.

주어 + **often** + 일반동사. = 주어는 **자주** ____ 한다.

I	**often**	go for a walk	**to a nearby park.**
나는	자주	산책하러 간다	가까운 공원으로

go = 가다 / walk = 걷다; 걷기, 산책
go for a walk = 산책하러 가다
go for a walk <u>to</u>+장소 = ~<u>으로</u> 산책하러 가다
nearby = 가까운 / park = 공원 → nearby park = 가까운 공원

I **often** go for a walk **to a nearby park.**

[직역] 나는 자주 <u>가까운 공원으로</u> 산책하러 간다.
[의역] 난 인근 공원에 자주 산책하러 가.

문장 3번 따라 쓰기

영작해서 2번씩 쓰기

① 난 우리 집 앞 카페에 자주 가.

힌트 go to+장소 = ~에 가다 / cafe = 카페 / my <u>house</u> = 나의(우리) 집

② 난 혼자 영화 보러 자주 가.

힌트 movie = 영화 → go to the movies = 영화를 보러 가다 / alone = 혼자서

나만의 문장 써 보기

듣고 따라 말해 보기

영작 모범 답안

① I often go to the cafe in front of my house.

② I often go to the movies alone.

Sometimes I get a sharp pain in my head.

가끔 난 머리가 너무 심하게 아파.

문장 파헤치기

sometimes = 가끔, 때때로 (행동의 빈도수가 약 40% 정도일 때 사용)
빈도부사는 '문장의 맨 앞'에 위치할 수도 있음.

Sometimes+주어+동사. = **가끔** 주어는 _____한다.

Sometimes	I	get	a sharp pain	in my head.
가끔	나는	얻는다	날카로운 통증을	내 머릿속에

get = 받다, 얻다, 구하다
sharp = 날카로운 / pain = 통증
get a sharp pain = 날카로운 통증을 얻다, 매우 아프다
head = 머리 → in my head = 나의 머리 안에, 내 머릿속에

Sometimes I get <u>a sharp pain</u> in my head.

[직역] 가끔 나는 내 머릿속에 날카로운 통증을 얻는다.
[의역] 가끔 난 머리가 너무 심하게 아파.

문장 3번 따라 쓰기

영작해서 2번씩 쓰기

① 가끔 난 등이 찌릿하게 아파.

힌트 shooting pain = 찌릿하는(쑤시듯 아픈, 콕콕 찌르는) 통증 / back = 등

② 가끔 걘(남자) 어린 아기처럼 굴어.

힌트 act = 행동하다 → act like+명사 = ~처럼 행동하다 / little baby = 작은(어린) 아기

나만의 문장 써 보기

듣고 따라 말해 보기

영작 모범 답안

MP3_024

① Sometimes I get a shooting pain in my back.

② Sometimes he acts like a little baby.

I rarely see him these days.

나 요즈음 걔를 거의 못 봤어.

문장 파헤치기

rarely = 드물게 (행동의 빈도수가 약 20% 정도로 미미할 때 사용)
'거의 ~하지 않는다/못한다'라는 뉘앙스로 사용 가능.

주어 + **rarely** + 동사. = 주어는 **드물게 _____ 한다.**

I	rarely	see	him	these days.
나는	드물게	본다	그를	요즈음

see = 보다
these days = 요즈음, 근래에
see + 사람[목적격] + these days = 요즈음 ~을 보다
him = [목적격] 그

I rarely see him these days.

[직역] 나는 요즈음 드물게 그를 본다.
[의역] 나 요즈음 걔를 거의 못 봤어.

문장 3번 따라 쓰기

영작해서 2번씩 쓰기

① 우린 요즈음 서로 거의 못 봤어.

힌트   each other = 서로

② 난 요즈음 영화관에 거의 안 가.

힌트   cinema = 영화관 → go to the cinema = 영화관에 가다

나만의 문장 써 보기

듣고 따라 말해 보기

영작 모범 답안

① We rarely see each other these days.

② I rarely go to the cinema these days.

He never breaks his promise.

걘 절대 약속을 어기지 않아.

문장 파헤치기

never = 절대 안 ~하는 (행동의 빈도수가 0%일 때 사용)
always(항상)이 100%의 빈도수라면 never는 그의 정반대인 0%.

주어+**never**+동사. = 주어는 **절대 안 _____**한다.

He	never	breaks	his promise.
그는	절대 안	깬다	그의 약속을

break = 깨다, 부수다
promise = 약속
break one's promise = ~의 약속을 깨다[어기다]
his promise = 그의 약속

He **never** breaks <u>his promise</u>.

[직역] 그는 <u>그의 약속을</u> 절대 안 깬다.
[의역] 걘 절대 약속을 어기지 않아.

문장 3번 따라 쓰기

영작해서 2번씩 쓰기

① 걔(여자) 누구의 말도 절대 듣지 않아.

힌트 listen to+사람[목적격] = ~의 말에 귀 기울이다 / anyone = 아무(도), 누구(나)

② 우리 아빠는 절대 술을 마시거나 담배를 피지 않아.

힌트 drink = 술을 마시다 / smoke = 담배를 피다

나만의 문장 써 보기

듣고 따라 말해 보기

영작 모범 답안

① She never listens to anyone.

② My father never drinks or smokes.

_____월_____일

I walk my dog every evening without fail.

난 매일 저녁 우리 개를 꼭 산책시켜.

문장 파헤치기

every+morning/afternoon/evening = 매일 아침/점심/저녁에
every+특정 요일 = 매주 ~라는 요일에

every+때 = 매 ~라는 때에

I	walk	my dog	every evening	without fail.
나는	산책시킨다	나의 개를	매일 저녁	반드시

walk = 걷다; (동물을) 산책시키다 / dog = 개
walk my dog = 나의 개를 산책시키다
without+명사 = ~없이 / fail = 실패
without fail = 실패 없이 → 틀림없이, 반드시

I walk **my dog** every evening without fail.

[직역] 나는 매일 저녁 반드시 나의 개를 산책시킨다.
[의역] 난 매일 저녁 우리 개를 꼭 산책시켜.

문장 3번 따라 쓰기

영작해서 2번씩 쓰기

① 난 매일 아침 꼭 조깅하러 나가.

힌트 jogging = 조깅 → go jogging = 조깅하러 가다

② 우리 가족은 매주 일요일 교회에 가.

힌트 my family = 나의(우리) 가족 / church = 교회 / Sunday = 일요일

나만의 문장 써 보기

듣고 따라 말해 보기

영작 모범 답안

① I go jogging every morning without fail.

② My family goes to church every Sunday.

This shop doesn't open on Mondays.

이 가겐 월요일마다 문을 닫아.

on+특정 요일 = ~요일에 → (ex) on Sunday = 일요일에
on+특정 요일-s = ~요일마다 → (ex) on Sundays = 일요일마다

on **특정 요일**-s = **~요일마다**

This shop	doesn't open	on Mondays.
이 가게는	문을 열지 않는다	월요일마다

shop = 가게
open = (가게 등이) 문을 열다
Monday = 월요일
on Mondays = 월요일마다

This shop doesn't open **on Mondays.**

[직역] 이 가게는 월요일마다 문을 열지 않는다.
[의역] 이 가겐 월요일마다 문을 닫아.

문장 3번 따라 쓰기

영작해서 2번씩 쓰기

① 난 목요일마다 수업이 없어.

힌트 class = 수업 → have classes = 수업들이 있다 / Thursday = 목요일

② 난 대개 주말마다 늦잠을 자.

힌트 sleep(자다)+late(늦게) → sleep late = 늦잠을 자다 / weekend = 주말

나만의 문장 써 보기

듣고 따라 말해 보기

MP3_028

영작 모범 답안

① I don't have classes on Thursdays.

② I usually sleep late on weekends.

I always get a check-up once a year.

난 1년에 한 번씩 꼭 건강 검진을 받아.

문장 파헤치기

횟수+a day/week/month/year = 하루/일주일/1달/1년에 ~번
once = 한 번 / twice = 두 번 / three times = 세 번

횟수+a day/week/month/year = 하루/일주일/1달/1년에 **~번**

I	always	get	a check-up	once a year.
나는	항상	받는다	건강 검진을	1년에 한 번

check-up = (건강) 검진
get = 받다, 얻다, 구하다
get a check-up = (건강) 검진을 받다

I always get <u>a check-up</u> once a year.

[직역] 난 항상 1년에 한 번 <u>건강 검진을</u> 받는다.
[의역] 난 1년에 한 번씩 꼭 건강 검진을 받아.

문장 3번 따라 쓰기

영작해서 2번씩 쓰기

① 난 일주일에 한 번이나 두 번 체육관에 가.

힌트 gym = 체육관 / once or twice = 한 번이나 두 번

② 난 하루에 양치질을 세 번 해.

힌트 brush(솔질을 하다)+my teeth(나의 치아) → brush my teeth = 나의 이빨을 닦다

나만의 문장 써 보기

듣고 따라 말해 보기

영작 모범 답안

① I go to the gym once or twice a week.

② I brush my teeth three times a day.

DAY 030

It is the tallest skyscraper in the world.

이건 세계를 통틀어 가장 높은 고층 빌딩이야.

문장 파헤치기

지금까지 '현재'의 사실/행동을 말하는 '현재시제' 동사를 배움.
현재시제 = 일반적/보편적인 현재의 사실이나 진리를 말할 때 사용.

주어 + 현재시제 동사. = 주어는 (일반적/보편적으로) _____이다/한다.

It	is	the tallest skyscraper	in the world.
이것은	~이다	가장 높은 고층 빌딩	세상에서

tallest = 가장 키가[높이가] 큰
skyscraper = 고층 빌딩
the tallest skyscraper = 가장 높은 고층 빌딩
world = 세상, 세계 → in the world = 세상에서

It is <u>the tallest skyscraper</u> in the world.

[직역] 이건 세상에서 가장 높은 고층 빌딩이다.
[의역] 이건 세계를 통틀어 가장 높은 고층 빌딩이야.

문장 3번 따라 쓰기

영작해서 2번씩 쓰기

① 걘(남자) 자기 팀에서 키가 제일 큰 선수야.

힌트 player = 선수 / his team = 그의 팀

② 에베레스트는 세상에서 제일 높은 산이야.

힌트 mountain = 산 / Mount Everest = 에베레스트(라는 산)

나만의 문장 써 보기

듣고 따라 말해 보기

영작 모범 답안

① He is the tallest player in his team.

② Mount Everest is the tallest mountain in the world.

매일 1장

영어 쓰기 습관

100일의 기적

CHAPTER **04**

~였다/했다

DAY 031

I was very angry with him yesterday.

나 어제 걔한테 진짜 화났었어.

과거시제 = '과거'라는 시점의 사실/행동을 말할 때 쓰는 시제
be동사의 과거형 = am/is의 과거형은 <u>was</u>, are의 과거형은 <u>were</u>

[현재형] am/is, are → [과거형] was, were

I	was	very angry	with him	yesterday.
나는	~였다	매우 화가 난	그에게	어제

angry = 화가 난
angry <u>with</u>+사람[목적격] = <u>~에게</u> 화가 난
very+형용사 = 매우 ~한 → very angry = 매우 화가 난
yesterday = 어제

I was **<u>very angry</u>** with him yesterday.

[직역] 나는 어제 그에게 매우 화가 난 상태였다.
[의역] 나 어제 걔한테 진짜 화났었어.

문장 3번 따라 쓰기

○

○

○

영작해서 2번씩 쓰기

① 걔(남자) 어젯밤 나한테 엄청 화나 있었어.

○

○

힌트 last(지난)+night(밤) → last night = 지난밤, 어젯밤

② 그 사람들이 네 걱정 많이 했었어.

○

○

힌트 worried <u>about</u>+사람[목적격] = ~에 대해 걱정되는

나만의 문장 써 보기

○

○

○

듣고 따라 말해 보기

MP3_031

① He was very angry with me last night.

② They were very worried about you.

_____월 _____일

We worked together a few years ago.

우린 몇 년 전쯤 같이 일했어.

일반동사의 과거형 → 동사원형에 '-ed'가 붙어서 만들어지는 경향이 있음.
단, 'e'로 끝나는 일반동사의 과거형 → 'e'를 빼고 'd'만 붙임.

[현재형] work → **[과거형]** work ed

We	worked	**together**	**a few years ago.**
우리는	일했었다	같이	수년 전에

work = 일하다
together = 함께, 같이
a few+복수 명사 = 약간의 ~ / 기간+ago = ~ 전에
a few years ago = 수년 전에

We worked **together** a few years ago.

[직역] 우리는 수년 전에 같이 일했었다.
[의역] 우린 몇 년 전쯤 같이 일했어.

문장 3번 따라 쓰기

영작해서 2번씩 쓰기

① 난 몇 년 전쯤 인천에 살았어.

힌트 live = 살다 / live in+장소 = ~에 살다

② 케빈이랑 난 같은 건물에 살았었어.

힌트 building = 건물 → the same building = 같은 건물

나만의 문장 써 보기

듣고 따라 말해 보기

영작 모범 답안

① I lived in Incheon a few years ago.

② Kevin and I lived in the same building.

DAY 033

I studied all night for the test.

나 시험 때문에 밤새서 공부했어.

문장 파헤치기

동사가 '자음+y'로 끝날 경우 → 'y'가 'i'로 바뀐 뒤 '-ed'가 붙음.
동사가 '자음+모음+자음'으로 끝날 경우 → 마지막 자음 추가한 뒤 '-ed' 붙음

[현재형] study → **[과거형]** studied

I	studied	all night	for the test.
나는	공부했다	밤새	시험을 위해

study = 공부하다
all = 모든 / night = 밤 → all night = 밤새(도록)
study all night = 밤새 공부하다
test = 시험 → for the test = 시험을 위해

I studied **all night** <u>for the test.</u>

[직역] 나는 <u>시험을 위해</u> 밤새 공부했다.
[의역] 나 시험 때문에 밤새서 공부했어.

문장 3번 따라 쓰기

영작해서 2번씩 쓰기

① 우린 그분(여자)을 위해 깜짝 파티를 계획했어.

힌트 plan = 계획하다 / surprise party <u>for</u>+사람[목적격] = <u>~을 위한</u> 깜짝 파티

② 우리 아빠는 2년 전에 담배를 끊었어.

힌트 stop = 멈추다, 그만두다 / smoking = 흡연 / 숫자+years ago = ~년 전에

나만의 문장 써 보기

듣고 따라 말해 보기

MP3_033

영작 모범 답안

① We planned a surprise party for her.

② My dad stopped smoking two years ago.

95

I just got home from work.

나 이제 막 회사에서 집에 도착했어.

문장 파헤치기

일반동사 중엔 '-ed'가 붙지 않고 불규칙하게 변하는 과거형 동사들도 있음.
불규칙 변화하는 과거형 동사들은 배우면서 외워야 함.

[현재형] get → [과거형] got

I	just	got	home	from work.
나는	이제 막	도착했다	집에	직장으로부터

get to+장소 = ~에 도착하다[이르다]
home = 집 ('집에 도착하다'라고 말할 땐 'to'를 빼고 그냥 get home)
work = 직장 → from work = 직장으로부터
just+과거동사 = 이제 막[바로 직전에] ~했다

I just got **home** from work.

[직역] 나는 이제 막 직장으로부터 집에 도착했다.
[의역] 나 이제 막 회사에서 집에 도착했어.

문장 3번 따라 쓰기

영작해서 2번씩 쓰기

① 나 이제 막 여행에서 돌아왔어.

힌트 get back <u>from</u>+장소 = ~으로부터 돌아오다 / my <u>trip</u> = 나의 여행

② 나 이제 막 부산에서 서울로 돌아왔어.

힌트 come back <u>to A from B</u> = B에서 A로 돌아오다 (come의 과거형 = came)

나만의 문장 써 보기

듣고 따라 말해 보기

MP3_034

영작 모범 답안

① I just got back from my trip.

② I just came back to Seoul from Busan.

DAY.035

I bought this dress for 50 dollars.

나 이 원피스 50달러 주고 샀어.

문장 파헤치기

불규칙 변화하는 과거형 동사들을 좀 더 배우고 연습해 보기!
이번엔 [3형식: 주어+동사+목적어]를 과거시제로 말해 보기.

[현재형] buy → [과거형] bought

I	bought	this dress	for 50 dollars.
나는	샀다	이 원피스를	50달러에

buy = 사다, 구매하다
buy A(명사) for ~ dollars = ~달러에 A를 사다
dress = 원피스
('원피스'를 'one piece'라고 잘못 말하지 않도록 주의)

I bought <u>this dress</u> for 50 dollars.

[직역] 나는 50달러에 <u>이 원피스를</u> 샀다.
[의역] 나 이 원피스 50달러 주고 샀어.

문장 3번 따라 쓰기

○

○

○

영작해서 2번씩 쓰기

① 나 단돈 10달러에 이 신발 샀어.

○

○

힌트 shoes = (한 켤레의) 신발 / for <u>only</u> ~ dollars = 단[오직] ~달러에

② 나 이 정장 반값에 샀어.

○

○

힌트 suit = 정장 / half(절반의)+price(가격) → half price = 절반 가격, 반값

나만의 문장 써 보기

○

○

○

듣고 따라 말해 보기

MP3_035

① I bought these shoes for only 10 dollars.

② I bought this suit for half price.

My mom gave me a watch for my birthday.

우리 엄마가 내 생일에 손목시계를 주셨어.

문장 파헤치기

불규칙 변화하는 과거형 동사들을 좀 더 배우고 연습해 보기!
이번엔 [4형식: 주어+동사+간·목+직·목]을 과거시제로 말해 보기.

[현재형] give → **[과거형]** gave

My mom	gave	**me**	**a watch**	**for my birthday.**
나의 엄마는	줬다	내게	손목시계를	나의 생일을 위해

give = 주다
give+A(간·목)+B(직·목) = A에게 B를 주다
mom = 엄마 / watch = 손목시계
birthday = 생일 → for my birthday = 나의 생일을 위해

My mom gave <u>**me a watch**</u> for my birthday.

[직역] 나의 엄마는 나의 생일을 위해 <u>내게</u> <u>손목시계를</u> 줬다.
[의역] 우리 엄마가 내 생일에 손목시계를 주셨어.

문장 3번 따라 쓰기

영작해서 2번씩 쓰기

① 걔(남자)가 걔(여자)한테 걔(여자) 생일에 다이아몬드 반지를 줬어.

힌트 ring = 반지 → diamond ring = 다이아몬드 반지

② 우리 아빠가 나한테 선물로 강아지를 주셨어.

힌트 puppy = 강아지 / present = 선물 / as + 명사 = ~으로서

나만의 문장 써 보기

듣고 따라 말해 보기

영작 모범 답안

① He gave her a diamond ring for her birthday.

② My dad gave me a puppy as a present.

The smell of food made my mouth water.

음식 냄새가 군침을 돌게 했어.

문장 파헤치기

불규칙 변화하는 과거형 동사들을 좀 더 배우고 연습해 보기!
이번엔 [5형식: 주어+동사+목적어+목·보]를 과거시제로 말해 보기.

[현재형] make → [과거형] made

The smell of food	made	my mouth	water.
음식의 냄새가	만들었다	나의 입을	침이 괴게

make+A(명사)+동사원형 = A가 ~하게 만들다
smell = 냄새 / food = 음식 → smell of food = 음식의 냄새
mouth = 입 → my mouth = 나의 입
water = 물; (식물 등에) 물을 주다; 침이 괴다

The smell of food made **my mouth** water.

[직역] 음식의 냄새가 나의 입을 침이 괴게 만들었다.
[의역] 음식 냄새가 군침을 돌게 했어.

문장 3번 따라 쓰기

영작해서 2번씩 쓰기

① 이건 내가 가족의 중요성을 깨닫게 했어.

힌트 realize = 깨닫다 / importance = 중요성 → the importance of+명사 = ~의 중요성

② 넌 날 바보처럼 보이게 했어.

힌트 look like+명사 = ~처럼 보이다 / fool = 바보

나만의 문장 써 보기

듣고 따라 말해 보기

영작 모범 답안

① It made me realize the importance of family.

② You made me look like a fool.

We weren't friends at the time.

우린 그 당시에 친구 사이는 아니었어.

문장 파헤치기

was / were + not = ~이 아니었다
was not = wasn't / were not = weren't

주어 + wasn't/weren't + **주격 보어**. = 주어는 _____이 아니었다.

We	weren't	friends	at the time.
우리는	~이 아니었다	친구	그 당시에

friend = 친구
be friends = 친한 사이이다, 친구이다
(친구 사이는 2명 이상일 때 가능하므로 복수형 friends를 사용)
at the time = 그 당시[시기]에

We weren't **friends** at the time.

[직역] 우리는 그 당시에 친구가 아니었다.
[의역] 우린 그 당시에 친구 사이는 아니었어.

문장 3번 따라 쓰기

영작해서 2번씩 쓰기

① 그 사람(남자)은 그 당시 그리 경력이 많지 않았어.

힌트 experienced = 경험[경력] 있는 / not that + 형용사 = 그리 ~하지 않은

② 난 그거에 대해 전혀 몰랐어.

힌트 aware of + 명사 = ~을 알고 있는 / at all = 전혀

나만의 문장 써 보기

듣고 따라 말해 보기

영작 모범 답안

① He wasn't that experienced at the time.

② I wasn't aware of that at all.

_____월 _____일

I didn't do anything wrong.

난 아무것도 잘못한 게 없었어.

문장 파헤치기

일반동사가 들어간 과거시제 문장의 부정문은
'did(했다)+not+동사원형'을 써서 만듦. (did not = didn't)

주어+didn't+동사원형. = 주어는 _____하지 않았다.

I	didn't do	anything wrong.
나는	하지 않았다	틀린 그 무엇이든

do = 하다
anything = 아무것(도); 무엇이든
anything+<u>형용사</u> = ~한 무엇이든
wrong = 잘못된, 틀린

I didn't do **anything wrong.**

[직역] 나는 <u>틀린 그 무엇이든</u> 하지 않았다.
[의역] 난 아무것도 잘못한 게 없었어.

문장 3번 따라 쓰기

영작해서 2번씩 쓰기

① 걘(남자) 너에 대해 아무것도 얘기하지 않았어.

힌트   say = 말하다 → say A(명사) about 사람[목적격] = ~에 대해 A를 말하다

② 우리에겐 어떠한 선택권도 없었어.

힌트   choice = 선택 → any choice = 그 어떤 선택(도)

나만의 문장 써 보기

듣고 따라 말해 보기

MP3_039

영작 모범 답안

① He didn't say anything about you.

② We didn't have any choice.

DAY 040

Did you see the news this morning?

너 오늘 아침 뉴스 봤어?

일반동사가 들어간 과거시제 문장의 Yes/No 의문문은
'Did+주어+동사원형?'의 순서로 말함.

Did+주어+동사원형? = 주어는 _____했니?

Did	you	see	the news	this morning?
했니?	너는	보다	뉴스를	오늘 아침에

see = 보다
news = 뉴스
this+아침/점심/저녁 = 오늘 아침/점심/저녁에
this morning = 오늘 아침에

Did you see **the news** this morning?

[직역] 너는 오늘 아침에 뉴스를 봤니?
[의역] 너 오늘 아침 뉴스 봤어?

문장 3번 따라 쓰기

⊙

⊙

⊙

영작해서 2번씩 쓰기

① 너 오늘 아침에 아침 식사는 했니?

⊙

⊙

힌트 breakfast = 아침 → have breakfast = 아침을 먹다, 아침 식사를 하다

② 너 약속은 잡아 뒀어?

⊙

⊙

힌트 appointment = 약속 → make an appointment = 약속을 만들다[잡다]

나만의 문장 써 보기

⊙

⊙

⊙

듣고 따라 말해 보기

영작 모범 답안

① Did you have breakfast this morning?

② Did you make an appointment?

매일 1장

영어 쓰기습관

100일의 기적

CHAPTER 05
~일/할 것이다

I will call you back in a few minutes.

내가 몇 분 있다가 다시 너한테 전화할게.

미래시제 = '미래'의 시점에 있을 사실/행동을 말할 때 쓰는 시제
will+동사원형 = ~일/할 것이다.

주어+will+동사원형. = 주어는 ____일/할 것이다.

I	will call **you** back	**in a few minutes.**
나는	너에게 다시 전화할 것이다	몇 분 후에

call = 전화하다; 전화
call+사람[목적격]+back = ~에게 다시 전화하다
in+시간 = ~ 후에
in a few minutes = 몇 분 후에

I will call **you** back **in a few minutes.**

[직역] 나는 몇 분 후에 너에게 다시 전화할 것이다.
[의역] 내가 몇 분 있다가 다시 너한테 전화할게.

문장 3번 따라 쓰기

영작해서 2번씩 쓰기

① 내가 내일 아침에 너한테 전화할게.

힌트 give+사람[목적격]+a call = ~에게 전화를 주다[하다] / tomorrow morning = 내일 아침(에)

② 내가 나중에 거기에 대해서 너한테 더 말해 줄게.

힌트 tell+사람[목적격]+more = ~에게 더 많은 것을 말하다 / later = 나중에

나만의 문장 써 보기

듣고 따라 말해 보기

영작 모범 답안

① I will give you a call tomorrow morning.

② I will tell you more about that later.

Everything will be all right.

모든 게 다 괜찮을 거야.

will 뒤엔 동사원형이 와야 하므로
will 뒤에 be동사가 오게 되면 'will be ~'와 같은 형태가 됨.

주어+will be+**주격 보어**. = 주어는 ____가 될 것이다.

Everything	will be	**all right.**
모든 것은	~가 될 것이다	다 괜찮은

everything = 모든 것
right = 옳은, 올바른; (상태가) 좋은, 괜찮은
all right = 모두 좋은, 다 괜찮은
all right = alright

Everything will be **all right.**

[직역] 모든 것은 다 괜찮은 상태가 될 것이다.
[의역] 모든 게 다 괜찮을 거야.

문장 3번 따라 쓰기

영작해서 2번씩 쓰기

① 나 5분이면 다 준비될 거야.

힌트 ready = 준비가 (다) 된 / in <u>five minutes</u> = <u>5분</u> 뒤에

② 이건 우리에게 아주 힘든 경기가 될 거예요.

힌트 tough(힘든, 어려운)+game(게임, 경기) → tough game = 힘든 경기

나만의 문장 써 보기

듣고 따라 말해 보기

영작 모범 답안

① I'll be ready in five minutes.

② It will be a very tough game for us.

I won't let you down again.

나 다시는 널 실망시키지 않을 거야.

문장 파헤치기

will not + 동사원형 = ~이지/하지 않을 것이다
will not = won't

주어 + won't + 동사원형. = 주어는 _____ 이지/하지 않을 것이다.

I	won't let **you** down	**again.**
나는	너를 실망하게 하지 않을 것이다	다시는

let = ~하게 놓아 두다; ~하게 하다
let + 사람[목적격] + down = ~을 실망하게 하다
again = 다시는

I won't let **you** down **again.**

[직역] 나는 다시는 너를 실망하게 하지 않을 것이다.
[의역] 나 다시는 널 실망시키지 않을 거야.

문장 3번 따라 쓰기

영작해서 2번씩 쓰기

① 니 걔(남자)가 나한테 다시는 그런 거 못하게 할 거야.

힌트 do A(명사) to me = 나에게 A(라는 것)을 하다

② 걔네들 내일 밤까지 집에 없을 거야.

힌트 be home = 집에 있다 / until+시점 = ~일 때까지 / tomorrow night = 내일 밤

나만의 문장 써 보기

듣고 따라 말해 보기

MP3_043

영작 모범 답안

① I won't let him do this to me again.

② They won't be home until tomorrow night.

DAY 044

Will you give me a wake-up call at 7 a.m.?

너 아침 7시에 나한테 모닝콜 해 줄 수 있어?

문장 파헤치기

미래시제 문장의 Yes/No 의문문 = Will+주어+동사원형?
의미 = (1) ~할 거야? / (2) ~해 줄래?

Will + 주어 + 동사원형? = 주어는 _____ 할[해 줄] 건가요?

Will	you	give	me	a wake-up call	at 7 a.m.?
해 줄래?	너는	주다	내게	모닝콜을	오전 7시에

wake-up call = 모닝콜
(모닝콜을 'morning call'로 잘못 말하지 않도록 주의)
at+시각 = ~시에
시각+a.m. = 오전 ~시

Will you give **me a wake-up call** at 7 a.m.?

[직역] 너는 오전 7시에 나에게 모닝콜을 줄래?
[의역] 너 아침 7시에 나한테 모닝콜 해 줄 수 있어?

문장 3번 따라 쓰기

영작해서 2번씩 쓰기

① 너 저녁 먹으러 우리 집 올래?

힌트 come to+장소 = ~으로 오다 / for dinner = 저녁 식사를 위해 (저녁 먹으러)

② 너 퇴근하고 바로 집에 갈 거야?

힌트 go straight to+장소 = ~으로 바로 가다 (집(home)에 바로 간다고 할 땐 to 생략)

나만의 문장 써 보기

듣고 따라 말해 보기

영작 모범 답안

MP3_044

① Will you come to my house for dinner?

② Will you go straight home after work?

The train is going to leave at 8 p.m.

기차는 오후 8시에 출발합니다.

문장 파헤치기

will+동사원형 = (현 시점에서 막연히) ~일/할 것이다
be going to+동사원형 = (계획/예정대로) ~일/할 것이다

주어+am/is/are going to+동사원형. = [계획/예정대로] 주어는 _____ 일/할 것이다.

The train	is going to leave	at 8 p.m.
기차가	출발할 것이다	오후 8시에

train = 기차, 열차
leave = 떠나다, 출발하다
시각+p.m. = 오후 ~시

The train is going to leave **at 8 p.m.**

[직역] 기차가 오후 8시에 출발할 것이다.
[의역] 기차는 (예정대로) 오후 8시에 출발합니다.

문장 3번 따라 쓰기

영작해서 2번씩 쓰기

① 우린 1시간 후에 공항으로 출발합니다.

힌트 leave <u>for</u>+장소 = ~으로 떠나다[출발하다] / airport = 공항 / an hour = 1시간

② 난 이번 주말에 우리 부모님을 뵐 거야.

힌트 my <u>parents</u> = 나의(우리) 부모님 / weekend = 주말 → this weekend = 이번 주말에

나만의 문장 써 보기

듣고 따라 말해 보기

영작 모범 답안

MP3_045

① We are going to leave for the airport in an hour.

② I'm going to see my parents this weekend.

DAY 046

I'm not going to apologize for that.

난 거기에 대해 사과하지 않을 거야.

won't+동사원형 = (현 시점에서 막연히) ~이지/하지 않을 것이다
be not going to+동사원형 = (계획/예정대로) ~이지/하지 않을 것이다

주어+am/is/are not going to+동사원형.
= **[계획/예정대로]** 주어는 _____이지/하지 않을 것이다.

I	am not going to apologize	for that.
나는	사과하지 않을 것이다	그것에 대해

apologize = 사과하다
apologize for+명사 = ~에 대해 사과하다

I'm not going to apologize **for that.**

[직역] 나는 그것에 대해 사과하지 않을 것이다.
[의역] 난 (계획대로) 거기에 대해 사과하지 않을 거야.

문장 3번 따라 쓰기

영작해서 2번씩 쓰기

① 나 너한테 거짓말 안 할 거야.

힌트 lie to+사람[목적격] = ~에게 거짓말하다

② 우린 널 포기하지 않을 거야.

힌트 give up on+명사 = ~을 포기하다

나만의 문장 써 보기

듣고 따라 말해 보기

영작 모범 답안

MP3_046

① I'm not going to lie to you.

② We are not going to give up on you.

_____월_____일

Are you going to ask her out tonight?

너 오늘 밤 걔한테 데이트 신청할 거야?

문장 파헤치기

'is/are going to+동사원형'이 들어간 Yes/No 의문문은
'<u>Is/Are+주어+going to 동사원형?</u>'의 어순으로 말함.

Is/Are+주어+going to+동사원형?
= **[계획/예정대로]** 주어는 _____ 일/할 건가요?

Are	you	going to ask **her** out	tonight?
~인가요?	너는	그녀에게 데이트 신청을 할 것	오늘 밤

ask+사람[목적격]+out = ~에게 데이트를 신청하다
tonight = 오늘 밤

Are you going to ask <u>her</u> out **tonight**?

[직역] 당신은 오늘 밤 <u>그녀에게</u> 데이트를 신청할 건가요?
[의역] 너 (계획대로) 오늘 밤 걔한테 데이트 신청할 거야?

문장 3번 따라 쓰기

영작해서 2번씩 쓰기

① 너 회의에 참석할 거야?

힌트 join+명사 = ~에 함께[합류]하다 / meeting = 회의

② 너 나한테 또 거짓말할 거야?

힌트 lie to+사람[목적격] = ~에게 거짓말하다 / again = 다시, 또

나만의 문장 써 보기

듣고 따라 말해 보기

영작 모범 답안

① Are you going to join the meeting?

② Are you going to lie to me again?

I was going to tell you about that later.

거기에 대해서 나중에 너한테 말하려고 했었어.

am/is/are going to+동사원형 = ~일/할 것이다 (현 시점에서의 미래)
was/were going to+동사원형 = ~되려고/하려고 했다 (과거 시점에서의 미래)

주어+was/were going to+동사원형.
= **[계획/예정했던 대로]** 주어는 _____되려고/하려고 했다.

I	was going to tell	you	about that	later.
나는	말하려고 했다	너에게	거기에 대해	나중에

tell+사람[목적격]+about 명사 = ~에게 ~에 대해 말하다
later = 나중에

I was going to tell **you** about that later.

[직역] 나는 나중에 거기에 대해서 너에게 말하려고 했다.
[의역] (계획했던 대로) 거기에 대해서 나중에 너한테 말하려고 했었어.

문장 3번 따라 쓰기

영작해서 2번씩 쓰기

① 나중에 거기에 대해서 너한테 물어보려고 했었어.

힌트 ask+사람[목적격]+about 명사 = ~에게 ~에 대해서 묻다

② 나 너한테 문자 보내려고 했었어.

힌트 send+사람[목적격]+A(명사) = ~에게 A를 보내다 / text message = 문자 메시지

나만의 문장 써 보기

듣고 따라 말해 보기

MP3_048

영작 모범 답안

① I was going to ask you about that later.

② I was going to send you a text message.

I was just about to fall asleep.

나 이제 막 잠들려고 했었어.

---

am/is/are about to+동사원형 = ~하려는 참이다
was/were about to+동사원형 = ~하려던 참이었다

주어 +was/were about to +동사원형. = 주어가 _____하려던 참이었다.

I	was **just** about to fall asleep.
나는	이제 막 잠이 들려던 참이었다.

fall = (특정한 상태가) 되다 / asleep = 잠이 든
fall asleep = 잠이 들게 되다, 잠들다
just = 이제 막
was/were <u>just</u> about to+동사원형 = 이제 막 ~하려던 참이었다

I was **just** about to fall asleep.

[직역] 나는 이제 막 잠이 들려던 참이었다.
[의역] 나 이제 막 잠들려고 했었어.

문장 3번 따라 쓰기

영작해서 2번씩 쓰기

① 나 이제 막 저녁 먹으려던 참이었어.

힌트 dinner = 저녁 식사 → have dinner = 저녁 식사를 먹다

② 나도 막 너한테 같은 걸 물어보려던 참이었어.

힌트 ask+사람[목적격]+A(명사) = ~에게 A를 묻다 / the same thing = 똑같은 것

나만의 문장 써 보기

듣고 따라 말해 보기

영작 모범 답안

① I was just about to have dinner.

② I was just about to ask you the same thing.

The movie begins at 6 this evening.

그 영화 저녁 6시에 시작해.

문장 파헤치기

정해진 때[시각]를 문장 내에서 언급하며 말하면
현재시제로 말해도 '미래를 가리키는 문장'이 됨.

현재시제 문장+**정해진 때** → 미래적 의미의 문장

The movie	begins	at 6 this evening.
그 영화는	시작한다	오늘 저녁 6시에

movie = 영화 → the movie = (콕 집어) 그 영화
begin = 시작하다
evening = 저녁 → this evening = 오늘 저녁에
<u>at</u>+시각 this evening = 오늘 저녁 ~시에

The movie begins **at 6 this evening.**

[직역] 그 영화는 <u>오늘 저녁 6시에</u> 시작한다.
[의역] 그 영화 저녁 6시에 시작해.

문장 3번 따라 쓰기

영작해서 2번씩 쓰기

① 기차는 내일 아침 8시에 출발합니다.

힌트   train = 기차 / leave = 떠나다, 출발하다 / tomorrow morning = 내일 아침(에)

② 나 다음 주 월요일에 일 새로 시작해.

힌트   start = 시작하다 / new job = 새로운 일 / next Monday = 다음 (주) 월요일(에)

나만의 문장 써 보기

듣고 따라 말해 보기

영작 모범 답안

MP3_050

① The train leaves at 8 tomorrow morning.

② I start my new job next Monday.

매일 1장
영어 쓰기 습관
100일의 기적

CHAPTER 06

to-동사원형

051 I want to be friends with you.

052 You need to change your eating habits.

053 I decided not to go to work.

054 I don't have time to talk to you.

055 Do you want something to drink?

056 I took a taxi go get there in time.

057 I tried to go back to sleep.

058 I want you to finish it by tomorrow.

059 He asked me to marry him.

060 He seems to be a very nice person.

I want to be friends with you.

나 너랑 친구가 되고 싶어.

to-동사원형 = ~하는 것 ('명사'처럼 해석)
(ex) sleep(자다) → to sleep(자는 것) / go(가다) → to go(가는 것)

want+to-동사원형 = ____하는 것을 원하다

I	want	to be friends	with you.
나는	원한다	친구가 되는 것을	너와

want = 원하다
want to-동사원형 = ~하는 것을 원하다
be friends with 사람[목적격] = ~와 친구가 되다
(친구는 2명 이상일 때 될 수 있으므로 복수형 friends를 사용)

I want **to be friends with you.**

[직역] 나는 너와 친구가 되는 것을 원한다.
[의역] 나 너랑 친구가 되고 싶어.

문장 3번 따라 쓰기

영작해서 2번씩 쓰기

① 나 시간 낭비하고 싶지 않아.

힌트 waste = 낭비하다 / my time = 나의 시간

② 네 기분을 상하게 하고 싶진 않았어.

힌트 hurt = 다치게 하다 / your feelings = 너의 기분

나만의 문장 써 보기

듣고 따라 말해 보기

MP3_051

영작 모범 답안

① I don't want to waste my time.

② I didn't want to hurt your feelings.

You need to change your eating habits.

넌 식습관을 바꿀 필요가 있어.

문장 파헤치기

일부 동사들은 목적어로 '명사, to-동사원형'만 취하는 것들이 있음.
(ex) need+to-동사원형 = ~하는 것을 필요로 하다

need+**to-동사원형** = ____**하는 것을** 필요로 하다

You	need	**to chance**	**your eating habits.**
너는	필요로 한다	바꾸는 것을	너의 식습관을

need = 필요하다
need+to-동사원형 = ~하는 것을 필요로 하다
change = 바꾸다, 변경하다
eating = 먹는 것 / habit = 습관 → eating habits = 식습관

You need **to change** your eating habits.

[직역] 너는 너의 식습관을 바꾸는 것을 필요로 한다.
[의역] 넌 식습관을 바꿀 필요가 있어.

문장 3번 따라 쓰기

영작해서 2번씩 쓰기

① 넌 살 뺄 필요 없어.

힌트 lose(잃다)+weight(몸무게) → lose weight = 살을 빼다

② 제가 이력서를 가져와야 할까요?

힌트 bring = 가져오다[가다] / my resume = 나의 이력서

나만의 문장 써 보기

듣고 따라 말해 보기

영작 모범 답안

① You don't need to lose weight.

② Do I need to bring my resume?

I decided not to go to work.

난 출근하지 않기로 했어.

not+to-동사원형 = ~하지 않는 것
(ex) tell(말하다) → not to tell(말하지 않는 것)

decide+not+to-동사원형 = _____하지 않는 것을 결정하다

I	decided	not to go	to work.
나는	결정했다	가지 않는 것을	직장에

decide = 결정하다 (decide의 과거형은 decided)
decide to-동사원형 = ~하는 것을 결정하다
go = 가다 / work = 일; 직장 → go to work = 직장에 가다

I decided **not to go** to work.

[직역] 나는 직장에 가지 않는 것을 결정했다.
[의역] 난 출근하지 않기로 했어.

문장 3번 따라 쓰기

영작해서 2번씩 쓰기

① 나 걔(여자)랑 더 이상 말 안 하기로 했어.

힌트 talk to+사람[목적격] = ~에게 말하다 / anymore = 더 이상

② 우린 아이를 갖지 않기로 했어.

힌트 kid = 아이 → have kids = 아이[자녀]를 갖다

나만의 문장 써 보기

듣고 따라 말해 보기

영작 모범 답안

① I decided not to talk to her anymore.

② We decided not to have kids.

I don't have time to talk to you.

나 너랑 얘기할 시간 없어.

문장 파헤치기

명사+to-동사원형 = ~할 명사
(ex) time to-동사원형 = ~할 시간 / chance to-동사원형 = ~할 기회

time+**to-동사원형** = ____할 시간

I	don't have	**time to talk to you.**
나는	가지고 있지 않다	너에게 말할 시간을

time = 시간
time to-동사원형 = ~할 시간
talk to 사람[목적격] = ~에게 말하다
time to talk to 사람[목적격] = ~에게 말할 시간

I don't have **time to talk to you.**

[직역] 나는 너에게 말할 시간을 가지고 있지 않다.
[의역] 나 너랑 얘기할 시간 없어.

문장 3번 따라 쓰기

영작해서 2번씩 쓰기

① 우린 낭비할 시간이 많지 않아요.

힌트 much time = 많은 시간 / waste = 낭비하다

② 나 걜(여자) 만날 기회가 없었어.

힌트 chance = 기회 / meet+사람[목적격] = ~을 만나다

나만의 문장 써 보기

듣고 따라 말해 보기

영작 모범 답안

① We don't have much time to waste.

② I didn't have a chance to meet her.

_____월 _____일

Do you want something to drink?

너 뭐 좀 마실래?

문장 파헤치기

something(어떤 것), nothing(아무것도 아닌 것), anything(아무것)과 같은
명사 뒤에 'to-동사원형'을 붙여서 자주 사용함.

something+**to-동사원형** = _____할 어떤 것

Do	you	want	something to drink?
~하니?	너는	원하다	마실 어떤 것을

something = 어떤 것
drink = 마시다
something to drink = 마실 어떤 것
want something to drink = 마실 어떤 것을 원하다, 뭣 좀 마시고 싶다

Do you want **something to drink?**

[직역] 너는 마실 어떤 것을 원하니?
[의역] 너 뭐 좀 마실래?

문장 3번 따라 쓰기

○

○

○

영작해서 2번씩 쓰기

① 나 필기할 만한 게 필요해.

○

○

힌트   something to+동사원형 = ~할 어떤 것 / write <u>with</u>+도구 = ~<u>으로</u> 쓰다[필기하다]

② 나 너한테 할 말 없어.

○

○

힌트   nothing to+동사원형 = ~할 것이 아무것도 없는 것 / say = 말하다

나만의 문장 써 보기

○

○

○

듣고 따라 말해 보기

영작 모범 답안

MP3_055

① I need something to write with.

② I have nothing to say to you.

DAY 056

I took a taxi
to get there in time.

나 거기에 시간 맞춰 가려고 택시 탔어.

문장 파헤치기

'to-동사원형'은 '~하기 위해'라는 의미로도 사용 가능
(ex) to finish my work = 나의 일을 끝내기 위해

문장+to-동사원형. = ____하기 위해 ____(문장)한다.

I	took	a taxi	to get there in time.
나는	탔다	택시를	그곳에 시간 내에 도착하기 위해

take+교통 수단 = ~을 타다 (take의 과거형은 took)
get to+장소 = ~에 도착하다 / there = 그곳에
get there = 그곳에 도착하다 ('there'에 도착한다고 할 땐 to 생략)
in time = 시간 내에

I took a taxi **to get there in time.**

[직역] 나는 그곳에 시간 내에 도착하기 위해 택시를 탔다.
[의역] 나 거기에 시간 맞춰 가려고 택시 탔어.

문장 3번 따라 쓰기

영작해서 2번씩 쓰기

① 난 시간과 돈을 절약하려고 지하철을 이용했어.

힌트 use = 사용하다 (과거형은 used) / subway = 지하철 / save = 절약하다

② 우린 시간을 절약하려고 화상 회의를 했어.

힌트 have a video conference = 화상 회의를 하다 (have의 과거형은 had)

나만의 문장 써 보기

듣고 따라 말해 보기

영작 모범 답안

MP3_056

① I used the subway to save time and money.

② We had a video conference to save time.

145

I tried to go back to sleep.

나는 다시 자려고 노력했어.

문장 파헤치기

try = 시도하다, 노력하다 (try의 과거형은 tried)
try+to-동사원형 = ~하기 위해 노력하다

try+to-동사원형 = ____하기 위해 노력하다

I	tried	to go back	to sleep.
나는	노력했다	돌아가기 위해	잠으로

go = 가다 / back = 뒤로, 과거로
go back = 과거로 가다; 돌아가다
go back to+명사 = ~으로 돌아가다
sleep = 자다; 잠, 수면

I tried to go back to sleep.

[직역] 나는 잠으로 돌아가기 위해 노력했다.
[의역] 나는 다시 자려고 노력했어.

문장 3번 따라 쓰기

영작해서 2번씩 쓰기

① 난 직장 동료들과 어울리려고 노력했어.

힌트 get along <u>with</u>+사람 = ~와 어울리다 / colleague = 직장 동료

② 난 그거에 대해 너무 많이 생각 안 하려고 노력했어.

힌트 think <u>about</u>+명사 = ~에 대해 생각하다 / too much = 너무 많이

나만의 문장 써 보기

듣고 따라 말해 보기

영작 모범 답안

① I tried to get along with my colleagues.

② I tried not to think about it too much.

I want you to finish it by tomorrow.

난 네가 내일까지 그걸 끝냈으면 해.

문장 파헤치기

want＋사람[목적격]＋<u>to－동사원형</u> = ~가 ~하는 것을 원하다
(ex) want him <u>to leave</u> = 그가 떠나는 것을 원하다

want＋**목적어**＋<u>to－동사원형</u> = **목적어가 ~하는 것을** 원하다

I	want	you	to finish	it	by tomorrow.
나는	원한다	네가	끝내는 것을	그것을	내일까지

finish = 끝내다
by＋시점 = ~까지 / tomorrow = 내일
by tomorrow = 내일까지
finish 명사 by tomorrow = 내일까지 ~을 끝내다

I want <u>you</u> <u>to finish</u> it by tomorrow.

[직역] 나는 <u>네가</u> 내일까지 그것을 <u>끝내기를</u> 원한다.
[의역] 난 네가 내일까지 그걸 끝냈으면 해.

문장 3번 따라 쓰기

영작해서 2번씩 쓰기

① 당신이 회의에 늦지 않았으면 해요.

힌트 late = 늦은 → late for+명사 = ~에 늦은 / meeting = 회의

② 내가 너랑 같이 있었으면 좋겠어?

힌트 stay = 머물다 → stay with+사람[목적격] = ~와 함께 머물다[있다]

나만의 문장 써 보기

듣고 따라 말해 보기

영작 모범 답안

MP3_058

① I don't want you to be late for the meeting.

② Do you want me to stay with you?

He asked me to marry him.

그 사람이 내게 결혼하자고 했어.

문장 파헤치기

ask+사람[목적격]+to-동사원형 = ~에게 ~하는 것을 요청하다
(ex) ask him to help me = 그에게 나를 도와줄 것을 요청하다

ask+**목적어**+**to-동사원형** = 목적어에게 **~하는 것을** 요청하다

He	asked	**me**	to marry him.
그는	요청했다	내게	그와 결혼할 것을

ask = 부탁하다, 요청하다 (ask의 과거형은 asked)
marry = 결혼하다
marry+사람[목적격] = ~와 결혼하다
(marry 뒤에 'with(~와)'를 쓰지 않도록 주의)

He asked **me to marry him.**

[직역] 그는 내게 그와 결혼할 것을 요청했다.
[의역] 그 사람이 내게 결혼하자고 했어.

문장 3번 따라 쓰기

○

○

○

영작해서 2번씩 쓰기

① 걔(여자)가 나한테 자기 들러리가 돼 달라고 부탁했어.

○

○

힌트　maid of honor = 들러리

② 나 아빠한테 돈 좀 보내 달라고 부탁했어.

○

○

힌트　send+사람[목적격]+A(명사) = ~에게 A를 보내다 / some money = 얼마간의 돈

나만의 문장 써 보기

○

○

○

듣고 따라 말해 보기

MP3_059

① She asked me to be her maid of honor.

② I asked my father to send me some money.

_____월 _____일

He seems to be a very nice person.

그분 아주 좋은 분 같아.

seem + to - 동사원형 = ~인/하는 것처럼 보이다
(ex) seem to be busy = 바쁜 것처럼 보이다

seem + **to - 동사원형** = ____인/하는 **것**처럼 보이다

He	seems	to be a very nice person.
그는	~처럼 보인다	아주 좋은 사람 인 것

person = 사람
very = 아주 / nice = 좋은, 훌륭한
very nice person = 아주 좋은 사람
to be a very nice person = 아주 좋은 사람인 것

He seems **to be a very nice person.**

[직역] 그는 아주 좋은 사람인 것처럼 보인다.
[의역] 그분 아주 좋은 분 같아.

문장 3번 따라 쓰기

영작해서 2번씩 쓰기

① 넌 나에 대해 많이 아는 것 같아.

힌트   know = 알다 → know a lot about + 명사 = ~에 대해 많이 알다

② 걘(여자) 아무것도 신경 쓰지 않는 것 같아.

힌트   care = 신경 쓰다 → care about + 명사 = ~에 대해 신경 쓰다

나만의 문장 써 보기

듣고 따라 말해 보기

영작 모범 답안

① You seem to know a lot about me.

② She doesn't seem to care about anything.

매일 1장

영어 쓰기습관

100일의 기적

CHAPTER 07
동사원형-ing

061 I like watching soccer games on TV.

062 I enjoy spending time by myself.

063 He stopped talking to me after a fight.

064 I'm good at making new friends.

065 He snores loudly while sleeping.

066 I'm sorry for not answering your call.

067 I'm feeling a little nervous now.

068 The weather is getting cold these days.

069 I'm going on a business trip tomorrow.

070 I was talking to Kevin on the phone.

DAY 061

I like watching soccer games on TV.

나는 TV로 축구 경기 보는 걸 좋아해.

동사원형-ing = ~하는 것 ('명사'처럼 해석)
(ex) go(가다) → going(가는 것) / see(보다) → seeing(보는 것)

like+**동사원형-ing** = ____하는 것을 좋아하다

I	like	watching	soccer games on TV.
나는	좋아한다	보는 것을	TV에서 축구 경기를

watch = 보다, 관람하다
soccer = 축구 / game = 경기
on TV = TV에서
soccer games on TV = TV에서 방영되는 축구 경기

I like <u>watching</u> soccer games on TV.

[직역] 나는 TV에서 축구 경기를 <u>보는 것을</u> 좋아한다.
[의역] 나는 TV로 축구 경기 보는 걸 좋아해.

문장 3번 따라 쓰기

영작해서 2번씩 쓰기

① 너는 TV로 스포츠 관람하는 걸 좋아하니?

힌트 watch sports = 스포츠를 관람하다 / on TV = TV로

② 난 사람 많은 곳에 가는 게 싫어.

힌트 go to+장소 = ~에 가다 / crowded place = 붐비는 장소

나만의 문장 써 보기

듣고 따라 말해 보기

MP3_061

① Do you like watching sports on TV?

② I don't like going to crowded places.

I enjoy spending time by myself.

나는 혼자 시간 보내길 좋아해.

동사 중엔 목적어로 '명사, 동사원형-ing'만 취하는 동사들이 있음.
(ex) enjoy/finish+동사원형-ing = ~하는 것을 즐기다/끝내다

enjoy+**동사원형-ing** = _____**하는 것을** 즐기다

I	enjoy	spending	time	by myself.
나는	즐긴다	보내는 것을	시간을	혼자서

spend = (돈을) 쓰다; (시간을) 보내다
time = 시간
spend time = 시간을 보내다[쓰다]
myself = '나 자신'을 지칭하는 대명사 → by myself = 혼자서, 스스로

I enjoy **spending** time by myself.

[직역] 나는 혼자서 시간을 보내는 것을 즐긴다.
[의역] 나는 혼자 시간 보내길 좋아해.

문장 3번 따라 쓰기

영작해서 2번씩 쓰기

① 넌 새로운 사람들 만나는 걸 즐기니?

힌트 meet = 만나다 / new people = 새로운 사람들

② 난 음주를 즐기진 않는데, 마셔야 할 땐 마셔.

힌트 drink = 음주하다 / a social drinker = (술을 마실 땐 마시는) 사교적 음주가

나만의 문장 써 보기

듣고 따라 말해 보기

MP3_062

영작 모범 답안

① Do you enjoy meeting new people?

② I don't enjoy drinking, but I'm a social drinker.

He stopped talking to me after a fight.

걔 싸우고 난 뒤로 나한테 말 안 해.

문장 파헤치기

stop+동사원형-ing = ~하는 것을 멈추다
[주의] stop+to-동사원형 = ~하기 위해 멈추다

stop+**동사원형-ing** = ____**하는 것을** 멈추다

He	stopped	**talking**	to me	after a fight.
그는	멈췄다	말하는 것을	나에게	싸움 후에

stop = 멈추다 (stop의 과거형은 stopped)
talk = 말하다 → talk <u>to</u> 사람[목적격] = ~에게 말하다
fight = 싸우다; 싸움
after a fight = 싸움 후에, 싸운 다음

He stopped **talking** to me after a fight.

[직역] 그는 싸움 후에 나에게 말하는 것을 멈췄다.
[의역] 걔 싸우고 난 뒤로 나한테 말 안 해.

문장 3번 따라 쓰기

영작해서 2번씩 쓰기

① 난 내 건강을 위해 패스트푸드 먹는 걸 관뒀어.

힌트 eat = 먹다 / fast food = 패스트푸드 / my health = 나의 건강

② 넌 네 건강을 위해 담배를 끊을 필요가 있어.

힌트 smoke = 담배를 피우다 / your health = 너의 건강

나만의 문장 써 보기

듣고 따라 말해 보기

영작 모범 답안

① I stopped eating fast food for my health.

② You need to stop smoking for your health.

_____월 _____일

I'm good at making new friends.

나는 새로운 친구를 잘 사귀어.

문장 파헤치기

'동사원형-ing'는 전치사 뒤에서도 쓰일 수 있음.
(ex) tired+of+동사원형-ing = ~하는 것에 싫증난

good+at+**동사원형-ing** = _____**하는 것**에 능한

I	am	**good**	**at making new friends.**
나는	~이다	능한	새로운 친구를 만드는 것에

good = 좋은, 훌륭한
good at 명사/동사원형+ing = ~에 훌륭한[능한]
make = 만들다 / new friend = 새로운 친구
make new friends = 새로운 친구를 만들다[사귀다]

I'm **good** at making new friends.

[직역] 나는 새로운 친구를 만드는 것에 능한 상태이다.
[의역] 나는 새로운 친구를 잘 사귀어.

문장 3번 따라 쓰기

영작해서 2번씩 쓰기

① 난 내 감정을 표현하는 데 능숙치 않아.

힌트 express = 표현하다 / my feelings = 나의 감정[기분]

② 난 같은 음식 먹는 것에 질렸어.

힌트 the same food = 같은 음식

나만의 문장 써 보기

듣고 따라 말해 보기

영작 모범 답안

MP3_064

① I'm not good at expressing my feelings.

② I'm tired of eating the same food.

DAY 065

He snores loudly while sleeping.

걘 잘 때 코를 심하게 골아.

'동사원형-ing'는 접속사 뒤에서도 쓰일 수 있음.
(ex) after/before+<u>동사원형-ing</u> = ~한 후에/전에

while+**동사원형-ing** = _____**하는** 동안

He	snores	**loudly**	**while sleeping.**
그는	코를 곤다	시끄럽게	자는 동안

snore = 코를 골다
loudly = 크게, 시끄럽게
snore loudly = 코를 크게[시끄럽게] 골다
sleep = 잠을 자다

He snores **loudly** while sleeping.

[직역] 그는 자는 동안 <u>시끄럽게</u> 코를 곤다.
[의역] 걘 잘 때 코를 심하게 골아.

문장 3번 따라 쓰기

영작해서 2번씩 쓰기

① 난 저녁 먹은 다음에 자러 갔어.

힌트 go <u>to sleep</u> = 자러 가다 (go의 과거형은 went) / have dinner = 저녁을 먹다

② 난 떠나기 전에 일기 예보를 확인했어.

힌트 check = 확인하다 (check의 과거형은 checked) / weather forecast = 일기 예보

나만의 문장 써 보기

듣고 따라 말해 보기

영작 모범 답안

① I went to sleep after having dinner.

② I checked the weather forecast before leaving.

DAY 066

I'm sorry for not answering your call.

네 전화 못 받아서 미안해.

not + 동사원형 – ing = ~하지 않는 것
(ex) go(가다) → not going(가지 않는 것)

I'm sorry **for + not + 동사원형 – ing.** = 내가 _____하지 않은 것에 미안하다.

I	am	sorry	for not answering your call.
나는	~이다	미안한	너의 전화를 받지 않은 것에

sorry = 미안한
sorry <u>for</u> + 명사/동사원형 – ing = ~에 미안한
answer = 대답하다; 대답, 응답 / call = 전화; 전화하다
answer your call = 너의 전화에 대답하다, 너의 전화를 받다

I'm <u>sorry</u> for not answering your call.

[직역] 나는 너의 전화를 받지 않은 것에 <u>미안한 상태</u>이다.
[의역] 네 전화 못 받아서 미안해.

문장 3번 따라 쓰기

영작해서 2번씩 쓰기

① 어젯밤 너한테 문자 못 보내서 미안해.

힌트_ text+사람[목적격] = ~에게 문자를 보내다 / last night = 지난밤 (어젯밤)

② 회의에 참석하지 못해 죄송합니다.

힌트_ attend = 참석하다, 출석하다 / meeting = 회의

나만의 문장 써 보기

듣고 따라 말해 보기

MP3_066

① I'm sorry for not texting you last night.

② I'm sorry for not attending the meeting.

_____월 _____일

I'm feeling a little nervous now.

나 지금 약간 긴장되고 있어.

[현재진행시제] be동사+동사원형-ing = ~하고 있는 중이다
(ex) eat(먹다) → be eating(먹는 중이다) / go(가다) → be going(가는 중이다)

be동사+동사원형-ing = ___하고 있는 중이다

I	am feeling	a little nervous	now.
나는	느끼고 있다	약간 긴장한 상태를	지금

feel = 느끼다
feel+형용사 = ~한 상태를 느끼다
nervous = 긴장한 / a little = 약간
a little nervous = 약간 긴장한 / now = 지금

I'm feeling <u>a little nervous</u> now.

[직역] 나는 지금 <u>약간 긴장한 상태를</u> 느끼고 있다.
[의역] 나 지금 약간 긴장되고 있어.

문장 3번 따라 쓰기

영작해서 2번씩 쓰기

① 저 화장실을 찾고 있는데요.

힌트 look for+명사 = ~을 찾아보다 / restroom = 화장실

② 저 프레젠테이션 준비 중이에요.

힌트 prepare for+명사 = ~을 준비하다 / presentation = 프레젠테이션

나만의 문장 써 보기

듣고 따라 말해 보기

영작 모범 답안

① I'm looking for a restroom.

② I'm preparing for a presentation.

DAY 068

The weather is getting cold these days.

요즘 날씨가 추워지고 있어.

문장 파헤치기

현재진행시제는 '요즘의 전반적인 상태'를 나타낼 때도 사용.
(ex) be working late these days = 요즘 늦게 일하고 있다

be동사+동사원형-ing+**these days** = 요즘 _____하고 있다

The weather	is getting	cold	these days.
날씨가	~하게 되고 있다	추운	요즘

weather = 날씨
get+형용사 = ~하게 되다
cold = 추운 → get cold = 추운 상태가 되다, 추워지다
these days = 요즘, 근래에

The weather is getting <u>cold</u> these days.

[직역] 날씨가 요즘 <u>추운</u> 상태가 되고 있다.
[의역] 요즘 날씨가 추워지고 있어.

문장 3번 따라 쓰기

○

○

○

영작해서 2번씩 쓰기

① 걔(남자) 요즘 힘든 시간을 보내고 있어.

○

○

힌트 hard time = 힘든 시간 → have a hard time = 힘든 시간을 보내다

② 나 지금 현재는 일 안 하고 있어.

○

○

힌트 work = 일하다 / at the moment = 지금 현재

나만의 문장 써 보기

○

○

○

듣고 따라 말해 보기

MP3_068

영작 모범 답안

① He is having a hard time these days.

② I'm not working at the moment.

171

I'm going on a business trip tomorrow.

나 내일 출장 가.

현재진행시제는 '아주 가까운 미래에 할 일'을 말할 때도 사용.

(ex) <u>be leaving</u> tonight = 오늘 밤 떠날 것이다

[가까운 미래] be동사＋동사원형－ing = _____할 것이다

I	am going	on a business trip	tomorrow.
나는	갈 것이다	출장을	내일

trip = 여행 / business = 사업; 일, 업무

business trip = 출장

go on a business trip = 출장을 가다

tomorrow = 내일

I'm going <u>on a business trip</u> tomorrow.

[직역] 나는 내일 출장을 갈 것이다.

[의역] 나 내일 출장 가.

문장 3번 따라 쓰기

영작해서 2번씩 쓰기

① 너 오늘 밤 파티에 갈 거야?

힌트 go to+장소 = ~에 가다 / party = 파티 / tonight = 오늘 밤

② 나 내일 밤 걔(남자)랑 저녁 먹기로 했어.

힌트 have dinner with+사람[목적격] = ~와 저녁을 먹다 / tomorrow night = 내일 밤

나만의 문장 써 보기

듣고 따라 말해 보기

영작 모범 답안

① Are you going to the party tonight?

② I'm having dinner with him tomorrow night.

I was talking to Kevin on the phone.

나 케빈이랑 통화 중이었어.

[과거진행시제] was/were+동사원형-ing = ~하고 있었다
[미래진행시제] will be+동사원형-ing = ~하고 있을 것이다

was/were+동사원형-ing = _____하고 있었다
will be+동사원형-ing = _____하고 있을 것이다

I	was talking	to Kevin	on the phone.
나는	이야기하는 중이었다	케빈에게	전화로

talk to+사람[목적격] = ~에게 말하다[이야기하다]
phone = 전화 → on the phone = 전화로, 통화 중인
talk to 사람[목적격] on the phone = ~와 통화하다

I was talking **to Kevin** on the phone.

[직역] 나는 전화로 케빈에게 이야기하는 중이었다.
[의역] 나 케빈이랑 통화 중이었어.

문장 3번 따라 쓰기

○

○

○

영작해서 2번씩 쓰기

① 나 오늘 집에서 일하고 있을 거야.

○

○

힌트 work <u>from home</u> = 집에서 일하다

② 저 이 원피스 6사이즈로 찾고 있었는데요.

○

○

힌트 look <u>for</u>+명사 = ~을 찾아보다 / dress <u>in size</u>+숫자 = ~사이즈 원피스

나만의 문장 써 보기

○

○

○

듣고 따라 말해 보기

영작 모범 답안

① I will be working from home today.

② I was looking for this dress in size 6.

175

매일 1장

영어 쓰기습관

100일의 기적

CHAPTER 08

조동사

I can be there in about a half hour.

나 한 30분 후에 거기 도착 가능해.

문장 파헤치기

can+동사원형 = ~할 수 있다
(ex) work(일하다) → can work(일할 수 있다)

[능력] can+동사원형 = ____할 수 있다

I	can be	there	in about a half hour.
나는	~일 수 있다	그곳에	약 30분 후에

there = 그곳에
about+시간 = 약 ~시간
half = (절)반 / an hour = 1시간 → a half hour = 1시간의 절반, 30분
in+시간 = ~시간 후에

I can be **there** in about a half hour.

[직역] 나는 약 30분 후에 그곳에 있는 상태일 수 있다.
[의역] 나 한 30분 후에 거기 도착 가능해.

문장 3번 따라 쓰기

-
-
-

영작해서 2번씩 쓰기

① 나 1시간 뒤면 내 숙제 다 끝낼 수 있어.

-
-

힌트 finish = 끝내다 / my <u>homework</u> = 나의 숙제 / in an hour = 1시간 후에

② 넌 다음 번에 더 잘할 수 있어.

-
-

힌트 do = 하다 / better = 더 잘 → do better = 더 잘하다 / next time = 다음 번

나만의 문장 써 보기

-
-
-

듣고 따라 말해 보기

MP3_071

영작 모범 답안

① I can finish my homework in an hour.

② You can do better next time.

179

DAY 072

You can call me anytime after 6 p.m.

오후 6시 후에 언제든 전화 가능합니다.

문장 파헤치기

'can+동사원형'은 '허락, 가능'의 뉘앙스로도 사용 가능.
(ex) go(가다) → can go(가도 된다) / use(쓰다) → can use(써도 된다)

[허락, 가능] can+동사원형 = ____해도 된다

You	can call	me	anytime	after 6 p.m.
너는	전화해도 된다	나에게	언제든지	오후 6시 이후에

call = 전화하다
call+사람[목적격] = ~에게 전화하다
anytime = 언제든지, 언제든
after 숫자+p.m. = 오후 ~시 이후에

You can call <u>me</u> anytime after 6 p.m.

[직역] 너는 오후 6시 이후에 언제든지 나에게 전화해도 된다.
[의역] 오후 6시 후에 언제든 전화 가능합니다.

문장 3번 따라 쓰기

영작해서 2번씩 쓰기

① 공짜로 인터넷을 사용하실 수 있습니다(사용해도 됩니다).

힌트 use = 쓰다, 사용하다 / the Internet = 인터넷 / for free = 공짜로

② 추가 할인을 받으실 수 있습니다(추가 할인이 허락됩니다).

힌트 get a discount = 할인을 받다 / additional = 추가적인

나만의 문장 써 보기

듣고 따라 말해 보기

영작 모범 답안

① You can use the Internet for free.

② You can get an additional discount.

DAY 073

I can't see any difference between them.

난 걔들한테서 어떤 차이점도 못 봤어.

can+not+동사원형 = ~할 수 없다, ~하면 안 된다
cannot = can't

[무능력, 불가능] can't+동사원형 = ____할 수 없다[하면 안 된다]

I	can't see	any difference	between them.
나는	볼 수 없다	그 어떤 차이점을	그들 사이에

see = 보다
difference = 차이점 → any difference = 그 어떤 차이점
between+복수 명사 = ~ 사이에
difference between+복수 명사 = ~사이에 차이점

I can't see **any difference** between them.

[직역] 나는 그들 사이에 그 어떤 차이점을 볼 수 없다.
[의역] 난 걔들한테서 어떤 차이점도 못 봤어.

문장 3번 따라 쓰기

영작해서 2번씩 쓰기

① 내 전화기를 어디에서도 못 찾겠어.

힌트 find = 찾다 / my phone = 나의 전화기 / anywhere = 어디에(서도)

② 여기에 주차하실 수 없습니다.

힌트 park = 주차하다 / car = 차 → park your car = 너의 차를 주차하다 / here = 여기에

나만의 문장 써 보기

듣고 따라 말해 보기

MP3_073

영작 모범 답안

① I can't find my phone anywhere.

② You can't park your car here.

Can you recommend a good restaurant?

좋은 식당 하나 추천해 줄 수 있어?

조동사가 있는 문장의 Yes/No 의문문은 조동사를 문장 맨 앞에 놓으면 됨.
[평서문] I can ~. / [Yes/No 의문문] Can I ~?

Can+주어+동사원형? = 주어는 _____할 수 있나요[해도 되나요]?

Can	you	recommend	a good restaurant?
~할 수 있니?	너는	추천하다	좋은 식당 한 곳을

recommend = 추천하다
recommend+명사 = ~을 추천하다
restaurant = 식당
a good restaurant = 한 군데의 좋은 식당

Can you recommend **a good restaurant**?

[직역] 너는 좋은 식당 한 곳을 추천해 줄 수 있니?
[의역] 좋은 식당 하나 추천해 줄 수 있어?

문장 3번 따라 쓰기

영작해서 2번씩 쓰기

① 차이점을 설명해 주실 수 있나요?

힌트 explain = 설명하다 / difference = 차이점

② (당신의) 화장실을 사용해도 될까요?

힌트 use = 쓰다, 사용하다 / bathroom = 화장실

나만의 문장 써 보기

듣고 따라 말해 보기

MP3_074

영작 모범 답안

① Can you explain the difference?

② Can I use your bathroom?

I might go to bed early tonight.

나 오늘 밤 일찍 잘 수도 있어.

문장 파헤치기

might+동사원형 = ~할지도 모른다
might not+동사원형 = ~하지 않을지도 모른다

[추측] might+동사원형 = ____할지도 모른다

might not+동사원형 = ____하지 않을지도 모른다

I	might go	to bed	early tonight.
나는	갈지도 모른다	잠자리에	오늘 밤 일찍

go to bed = 침대에 가다 → 자러 가다
early = 일찍, 빠른, 이른
tonight = 오늘 밤

I might go **to bed** early tonight.

[직역] 나는 오늘 밤 일찍 잠자리에 갈지도 모른다.
[의역] 나 오늘 밤 일찍 잘 수도 있어.

문장 3번 따라 쓰기

○

○

○

영작해서 2번씩 쓰기

① 걔(남자) 지금 화장실에 있을지도 몰라.

○

○

힌트 be in the bathroom = 화장실에 있다 / now = 지금

② 너 아마 날 기억 못할지도 몰라.

○

○

힌트 remember+사람[목적격] = ~을 기억하다

나만의 문장 써 보기

○

○

○

듣고 따라 말해 보기

영작 모범 답안

MP3_075

① He might be in the bathroom now.

② You might not remember me.

_____월 _____일

Your mom must be very proud of you.

너희 엄마는 네가 분명 자랑스러우실 거야.

문장 파헤치기

must + 동사원형 = ~인/한 것이 틀림없다
(ex) must be upset = 기분 안 좋은 상태인 것이 틀림없다

[확신] must + 동사원형 = _____인/한 것이 틀림없다

You mom	must be	very proud	of you.
너의 엄마는	~인 것이 틀림없다	매우 자랑스러운	네가

mom = 엄마 (mother보다 편하게 부르는 호칭)
proud = 자랑스러운
proud of 사람[목적격] = ~이 자랑스러운
very proud of 사람[목적격] = ~이 매우 자랑스러운

Your mom must be **very proud** of you.

[직역] 너의 엄마는 네가 매우 자랑스러운 상태인 것이 틀림없다.
[의역] 너희 엄마는 네가 분명 자랑스러우실 거야.

문장 3번 따라 쓰기

영작해서 2번씩 쓰기

① 너 긴 하루를 보낸 뒤에 엄청 피곤할 게 분명하겠다.

힌트 tired = 피곤한 / after a long day = 긴 하루(를 보낸) 후

② 걔(여자) 나한테 엄청 화난 게 분명해.

힌트 angry with+사람[목적격] = ~에게 화가 난

나만의 문장 써 보기

듣고 따라 말해 보기

영작 모범 답안

MP3_076

① You must be very tired after a long day.

② She must be very angry with me.

You must see a doctor at once.

너 당장 병원에 가야 돼.

문장 파헤치기

'must+동사원형'은 '(반드시) ~해야 한다'라는 뉘앙스로도 사용.
(ex) go(가다) → must go(가야 한다)

[의무] must+동사원형 = (반드시) _____해야 한다

must+not+동사원형 = _____해서는 안 된다

You	must see	a doctor	at once.
너는	봐야 한다	의사를	즉시

see = 보다 / doctor = 의사
see a doctor = 의사를 보다, 진찰을 받다
at once = 즉시, 지체 없이

You must see **a doctor** at once.

[직역] 너는 즉시 의사를 봐야 한다.
[의역] 너 당장 병원에 가야 돼.

문장 3번 따라 쓰기

영작해서 2번씩 쓰기

① 너 하루에 2번 네 약을 챙겨 먹어야 해.

힌트 take = (약을) 복용하다 / your <u>medicine</u> = 너의 <u>약</u> / <u>twice</u> a day = 하루에 <u>2번</u>

② 우린 더 이상의 시간을 낭비해서 안 됩니다.

힌트 waste = 낭비하다 / <u>any more</u> time = 더 이상의 시간

나만의 문장 써 보기

듣고 따라 말해 보기

영작 모범 답안

① You must take your medicine twice a day.

② We must not waste any more time.

DAY 078

I have to make a decision by tomorrow.

나 내일까지 결정해야 돼.

---

have to+동사원형 = ~해야 한다
(ex) work(일하다) → have to work(일해야 한다)

[의무] have to+동사원형 = ____해야 한다

I	have to make	a decision	by tomorrow.
나는	만들어야 한다	결정을	내일까지

make = 만들다
decision = 결정
make a decision = 결정을 만들다 → 결정하다
by+시점 = ~까지 → by tomorrow = 내일까지

I have to make **a decision** by tomorrow.

[직역] 나는 내일까지 결정을 만들어야 한다.
[의역] 나 내일까지 결정해야 돼.

문장 3번 따라 쓰기

영작해서 2번씩 쓰기

① 나 오늘 밤도 늦게까지 일해야 돼.

힌트 work late = 늦게 일하다 / again = 다시, 또 / tonight = 오늘 밤

② 직장에서 유니폼을 착용하셔야 합니다.

힌트 wear = 입다, 착용하다 / uniform = 유니폼 / at work = 직장에서

나만의 문장 써 보기

듣고 따라 말해 보기

영작 모범 답안

① I have to work late again tonight.

② You have to wear a uniform at work.

DAY 079

You don't have to apologize to me.

나한테 사과 안 해도 돼.

문장 파헤치기

[부정 표현] don't have to+동사원형 = ~할 필요 없다
[Yes/No 의문문] Do를 문장 맨 앞에 붙이면 됨.

don't have to+동사원형 = _____할 필요 없다
Do+주어+have to+동사원형? = 주어는 _____해야 하나요?

You	don't have to apologize	to me.
너는	사과할 필요 없다	나에게

apologize = 사과하다
apologize+사람[목적격] = ~에게 사과하다
don't have to apologize+사람[목적격] = ~에게 사과할 필요 없다

You don't have to apologize **to me.**

[직역] 너는 <u>나한테</u> 사과할 필요 없다.
[의역] 나한테 사과 안 해도 돼.

문장 3번 따라 쓰기

영작해서 2번씩 쓰기

① 나 오늘 출근 안 해도 돼.

힌트 go to work = 일하러 가다, 출근하다 / today = 오늘

② 수영장 안에서 수영 모자를 써야 되나요?

힌트 wear = 입다, 착용하다 / swim cap = 수영 모자 / in the pool = 수영장 안에서

나만의 문장 써 보기

듣고 따라 말해 보기

MP3_079

영작 모범 답안

① I don't have to go to work today.

② Do I have to wear a swim cap in the pool?

You should get enough sleep.

너 잠 좀 충분히 자야 돼.

should+동사원형 = ~하는 것이 좋다, ~해야 한다 ('권고'의 뉘앙스)

[권고] should+동사원형 = _____해야 한다

shouldn't+동사원형 = _____하지 말아야 한다

Should+주어+동사원형? = 주어는 _____해야 할까요?

You	should get	enough sleep.
너는	취해야 한다	충분한 수면을

get = 얻다, 구하다 / sleep = 잠을 자다; 잠, 수면

get sleep = 잠을 구하다, 잠을 자다

get <u>enough</u> sleep = <u>충분한</u> 잠[수면]을 취하다, 충분히 자다

You should get **enough sleep.**

[직역] 너는 <u>충분한</u> 수면을 취해야 한다.

[의역] 너 잠 좀 충분히 자야 돼.

문장 3번 따라 쓰기

○

○

○

영작해서 2번씩 쓰기

① 너 밤 늦게 먹지 마.

○

○

힌트 eat = 먹다 / late at night = 밤 늦게

② 면접에 정장을 입어야 할까요?

○

○

힌트 suit = 정장 → wear a suit to+상황 = ~에 정장을 입다 / interview = 면접

나만의 문장 써 보기

○

○

○

듣고 따라 말해 보기

MP3_080

매일 1장

영어 쓰기 습관

100일의 기적

CHAPTER 09

육하원칙 질문

DAY 081

What was your first impression of me?

너 내 첫인상 어땠어?

문장 파헤치기

what = 무엇이

주어＋be동사＋주격 보어. = 주어는 _____이다.

What＋**be동사**＋주어? = 주어는 무엇인가요?

What	was	your first impression	of me?
무엇	~이었니?	너의 첫인상은	나에 대한

first = 첫째(의)
impression = 인상; 감명
first impression of 사람[목적격] = ~에 대한 첫인상

What **was your first impression** of me?

[직역] 나에 대한 너의 첫인상은 무엇이었느냐?
[의역] 너 내 첫인상 어땠어?

문장 3번 따라 쓰기

○

○

○

영작해서 2번씩 쓰기

① 이 노래 제목이 뭔가요?

○

○

힌트 name of + 명사 = ~의 이름[제목] / song = 노래

② 그 영화에서 네가 가장 좋아하는 장면이 뭐야?

○

○

힌트 favorite + 명사 = 가장 좋아하는 ~ / scene = 장면 / in the movie = 그 영화에서

나만의 문장 써 보기

○

○

○

듣고 따라 말해 보기

MP3_081

① What is the name of this song?

② What is your favorite scene in the movie?

What did you have for breakfast?

너 아침에 뭐 먹었어?

문장 파헤치기

what = 무엇을

주어+동사+목적어. = 주어는 _____을 _____한다.

What+do+주어+동사원형? = 주어는 무엇을 _____하나요?

What	did	you	have	for breakfast?
무엇을	~했느냐?	너는	먹다	아침으로

have = 가지다; (음식을) 먹다
breakfast = 아침 식사
have+음식+for breakfast = 아침으로 ~을 먹다

What did you have for breakfast?

[직역] 너는 아침으로 무엇을 먹었느냐?
[의역] 너 아침에 뭐 먹었어?

문장 3번 따라 쓰기

영작해서 2번씩 쓰기

① 너 오늘 밤에 뭐 하고 싶어?

힌트 do = 하다 / tonight = 오늘 밤

② 너 내일 뭐 할 거야?

힌트 be going to+동사원형 = ~할 것이다(예정이다) / tomorrow = 내일

나만의 문장 써 보기

듣고 따라 말해 보기

영작 모범 답안

MP3_082

① What do you want to do tonight?

② What are you going to do tomorrow?

_____월_____일

What kind of food do you like most?

넌 어떤 류의 음식이 제일 좋아?

what+명사 = 어떤 ~
(ex) what time = 어떤 시간 = 몇 시 / what kind = 어떤 종류

What+명사+**do+주어+동사원형**? = 주어는 어떤 ____을 ___**하는가**?

What kind of food	do	you	like	most?
어떤 종류의 음식을	~하니?	너는	좋아하다	가장

kind = 종류, 유형
what kind = 어떤 종류
what kind of+명사 = 어떤 종류의 ~
like+명사+most = ~을 가장 좋아하다

What kind of food **do you like** most?

[직역] 너는 어떤 종류의 음식을 가장 좋아하니?
[의역] 넌 어떤 류의 음식이 제일 좋아?

문장 3번 따라 쓰기

영작해서 2번씩 쓰기

① 넌 어떤 종류의 음악을 듣니?

힌트 music = 음악 / listen to+명사 = ~을 듣다

② 그 가게는 몇 시에 문을 여나요?

힌트 store = 가게 / open = (가게 등이) 문을 열다

나만의 문장 써 보기

듣고 따라 말해 보기

영작 모범 답안

① What kind of music do you listen to?

② What time does the store open?

DAY 084

How is everything going with you?

너 어떻게 지내?

how = 어떻게, 어떠한

주어+is/are going+형용사. = **주어가 _____하게 되고 있다.**

How+**is/are**+주어+**going**? = **주어가** 어떻게 **되고 있니?**

How	is	everything	going	with you?
어떻게	~이니?	모든 것이	되어 가고 있는	너와 함께

go = (일의 진행이 어떻게) 되다, 되어 가다
everything = 모든 것

How **is everything going** with you?

[직역] 모든 것이 너와 함께 어떻게 되어 가고 있니?
[의역] 너 어떻게 지내?

문장 3번 따라 쓰기

○

○

○

영작해서 2번씩 쓰기

① 너 새로운 일은 어때(어떻게 되고 있어)?

○

○

힌트 new job = 새로운 일[직장]

② 너 요즘 어떻게 하고 지내?

○

○

힌트 do = 하다 / these days = 요즘

나만의 문장 써 보기

○

○

○

듣고 따라 말해 보기

영작 모범 답안

① How is your new job going?

② How are you doing these days?

How often do you eat out a week?

넌 일주일에 몇 번이나 외식해?

how often = 얼마나 자주

주어＋동사＋횟수. = 주어는 ＿＿만큼 ＿＿한다.

How often ＋**do**＋**주어**＋**동사원형**? = **주어는 얼마나 자주 ＿＿하니?**

How often	do	you	eat out	a week?
얼마나 자주	~하니?	너는	외식하다	일주일에

eat = 먹다 / out = 밖으로, 밖에
eat out = 밖에서 먹다, 외식하다
횟수＋a week = 일주일에 ~번

How often **do you eat out** a week?

[직역] 너는 일주일에 얼마나 자주 외식하니?
[의역] 넌 일주일에 몇 번이나 외식해?

문장 3번 따라 쓰기

영작해서 2번씩 쓰기

① 이게(이런 일이) 얼마나 자주 발생하죠?

힌트 happen = 일어나다, 발생하다

② 제가 얼마나 자주 제 개를 산책시켜야 할까요?

힌트 walk my dog = 나의 개를 산책시키다

나만의 문장 써 보기

듣고 따라 말해 보기

영작 모범 답안

① How often does this happen?

② How often should I walk my dog?

DAY 086

How many pills should I take at once?

알약을 한 번에 몇 개나 먹어야 되나요?

문장 파헤치기

How many = 얼마나 많이

How many+**복수 명사** = 얼마나 많은 ____

How many pills	should	I	take	at once?
얼마나 많은 알약을	~해야 하나요?	내가	복용하다	한 번에

pill = 알약
take = (약을) 먹다, 복용하다
take a pill = (1개의) 알약을 먹다
at once = 즉시; 한꺼번에

How many pills **should I take** at once?

[직역] 내가 얼마나 많은 알약을 한 번에 복용해야 하나요?
[의역] 알약을 한 번에 몇 개나 먹어야 되나요?

문장 3번 따라 쓰기

영작해서 2번씩 쓰기

① 내가 몇 번이나 너한테 말해야 해?

힌트 time = 번(횟수) / tell+사람[목적격] = ~에게 말하다

② 지금 얼마나 많은 사람들이 서울에 사나요?

힌트 people = 사람들 / live in+장소 = ~에 살다 / now = 지금

나만의 문장 써 보기

듣고 따라 말해 보기

MP3_086

영작 모범 답안

① How many times do I have to tell you?

② How many people live in Seoul now?

Where can I take the bus to the airport?

공항으로 가는 버스를 어디서 탈 수 있나요?

문장 파헤치기

where = 어디(에서)

Where + be동사 + 주어? = 주어는 어디인가요?
Where + do + 주어 + 동사원형? = 주어는 어디에서 ___하나요?
Where + can + 주어 + 동사원형? = 주어는 어디에서 ___할 수 있나요?

Where	can	I	take	the bus	to the airport?
어디에서	~할 수 있는가?	내가	타다	버스를	공항으로 가는

take + 교통 수단 = ~을 타다
take + 교통 수단 + to + 장소 = ~으로 가는 ~을 타다
bus = 버스 / airport = 공항

Where **can I take** the bus to the airport?

[직역] 내가 어디에서 공항으로 가는 버스를 탈 수 있는가?
[의역] 공항으로 가는 버스를 어디서 탈 수 있나요?

문장 3번 따라 쓰기

○

○

○

영작해서 2번씩 쓰기

① 당신은 부인을 어디서 처음 만났나요?

○

○

힌트 first meet+사람[목적격] = ~을 처음 만나다 / wife = 부인

② 가장 가까운 지하철 역이 어디죠?

○

○

힌트 the nearest subway station = 가장 가까운 지하철 역

나만의 문장 써 보기

○

○

○

듣고 따라 말해 보기

MP3_087

영작 모범 답안

① Where did you first meet your wife?

② Where is the nearest subway station?

When did you last see your parents?

너 부모님을 마지막으로 뵌 게 언제야?

when = 언제

When+be동사+주어? = 주어는 언제인가요?
When+do+주어+동사원형? = 주어는 언제 ____하나요?

When	did	you	last see	your parents?
언제	~했는가?	당신은	마지막으로 보다	당신의 부모님을

see = 보다
last = 마지막으로, 가장 최근에
parents = 부모님 → your parents = 당신의 부모님

When did you last see your parents?

[직역] 당신은 언제 당신의 부모님을 마지막으로 봤는가?
[의역] 너 부모님을 마지막으로 뵌 게 언제야?

문장 3번 따라 쓰기

○

○

○

영작해서 2번씩 쓰기

① 너 이번 주에 언제 시간 돼?

○

○

힌트   available = 시간이 있는 / this week = 이번 주에

② 가장 행복한 순간이 언제였나요?

○

○

힌트   the happiest moment = 가장 행복한 순간

나만의 문장 써 보기

○

○

○

듣고 따라 말해 보기

영작 모범 답안

MP3_088

① When are you available this week?

② When was the happiest moment?

DAY 089

Who did you go to the movies with?

너 누구랑 영화 봤어?

who = 누구
'누구와' 뭘 하는지 물을 땐 의문문 끝에 'with(~와)'를 붙여야 함.

Who+be동사+주어? = 주어는 누구인가요?
Who+do+주어+동사원형+with? = 주어는 누구와 _____하나요?

Who	did	you	go	to the movies	with?
누구	~했니?	너는	가다	영화를 보러	~와

go = 가다 / movie = 영화
go to the movies = 영화를 보러 가다
go to the movies with 사람[목적격] = ~와 영화를 보러 가다

Who **did you go** to the movies with?

[직역] 너는 누구와 영화를 보러 갔니?
[의역] 너 누구랑 영화 봤어?

문장 3번 따라 쓰기

- ○
- ○
- ○

영작해서 2번씩 쓰기

① 너 지금 누굴 기다리고 있어?

- ○
- ○

힌트 wait <u>for</u>+사람[목적격] = ~을 기다리다 / now = 지금

② 너의 가장 큰 롤 모델은 누구야?

- ○
- ○

힌트 your <u>biggest</u> role model = 너의 가장 <u>큰</u> 롤 모델

나만의 문장 써 보기

- ○
- ○
- ○

듣고 따라 말해 보기

영작 모범 답안

① Who are you waiting for now?

② Who is your biggest role model?

_____월 _____일

Why did you tell him our secret?

너 왜 걔한테 우리 비밀을 말했어?

문장 파헤치기

why = 왜

Why + be동사 + 주어 + 형용사? = 주어는 왜 _____한 상태인가요?
Why + do + 주어 + 동사원형? = 주어는 왜 _____하나요?

Why	did	you	tell	him	our secret?
왜	~했니?	너는	말하다	그에게	우리의 비밀을

tell = 말하다
tell + 사람[목적격] + A(명사) = ~에게 A를 말하다
secret = 비밀 → our secret = 우리의 비밀

Why **did you tell** him our secret?

[직역] 너는 왜 그에게 우리의 비밀을 말했니?
[의역] 너 왜 걔한테 우리 비밀을 말했어?

문장 3번 따라 쓰기

⊘

⊘

⊘

영작해서 2번씩 쓰기

① 너는 네 엄마한테 왜 그렇게 무례하니?

⊘

⊘

힌트 rude <u>to</u>+사람 = ~에게 무례한 / your mother = 너의 엄마

② 당신은 왜 이 회사에서 일하길 원하나요?

⊘

⊘

힌트 work <u>for</u>+기관 = ~에서(~에 고용되어) 일하다 / company = 회사

나만의 문장 써 보기

⊘

⊘

⊘

듣고 따라 말해 보기

영작 모범 답안

① Why are you so rude to your mother?

② Why do you want to work for this company?

매일 1장

영어 쓰기습관

100일의 기적

CHAPTER **10**

문장+문장

_____월 _____일

I bite my fingernails when I'm nervous.

나는 긴장하면 손톱을 물어뜯어.

문장 파헤치기

when+문장 = ~일 때
문장 앞뒤에 붙여서 '~일 때'라는 시간적 조건을 언급할 때 사용.

문장1+when+문장2 = ~(문장2)일 때 **~(문장1)이다**

I bite my fingernails	when I'm nervous.
나는 손톱을 깨문다	내가 긴장할 때

bite = (깨)물다
fingernail = 손톱
bite my fingernails = 나의 손톱들을 깨물다
nervous = 긴장한, 예민한

I bite my fingernails when I'm nervous.

[직역] 내가 긴장할 때 나는 손톱을 깨문다.
[의역] 나는 긴장하면 손톱을 물어뜯어.

문장 3번 따라 쓰기

영작해서 2번씩 쓰기

① 제가 그 사람(남자)을 처음 만났을 때 전 20살이었어요.

힌트 first meet+사람[목적격] = ~을 처음 만나다 (meet의 과거형은 met)

② 걔(남자)가 5살 때 걔네 가족은 부산으로 이사를 갔어.

힌트 his family = 그의 가족 / move to+장소 = ~으로 이사를 가다

나만의 문장 써 보기

듣고 따라 말해 보기

MP3_091

영작 모범 답안

① I was twenty when I first met him.

② His family moved to Busan when he was five.

DAY 092

I lost my passport while I was traveling.

나 여행 도중에 여권을 잃어버렸어.

문장 파헤치기

while+문장 = ~인 동안
문장 앞뒤에 붙여서 '~인 동안'이라는 시간적 조건을 언급할 때 사용.

문장1+while+문장2 = ~(문장2)인 동안 **~(문장1)이다**

I lost my passport	while I was traveling.
나는 여권을 잃어버렸다	내가 여행하고 있는 동안

lose = 잃어버리다
(lose의 과거형은 lost)
passport = 여권 → my passport = 나의 여권
travel = 여행하다

I lost my passport while I was traveling.

[직역] 내가 여행하고 있는 동안 나는 여권을 잃어버렸다.
[의역] 나 여행 도중에 여권을 잃어버렸어.

문장 3번 따라 쓰기

영작해서 2번씩 쓰기

① 나 TV를 보고 있는 동안 잠이 들었어.

힌트 fall asleep = 잠이 들다 (fall의 과거형은 fell) / watch TV = TV를 시청하다

② 밖에 계실 동안 스미스 씨가 전화했었습니다.

힌트 Mr. Smith = 스미스 씨 / call = 전화하다 (call의 과거형은 called) / be out = 바깥이다

나만의 문장 써 보기

듣고 따라 말해 보기

영작 모범 답안

① I fell asleep while I was watching TV.

② Mr. Smith called while you were out.

Brush your teeth before you go to bed.

자러 가기 전에 양치질해라.

문장 파헤치기

before/after + 문장 = ~전에/후에
문장 앞뒤에 붙여서 '~전에/후에'라는 시간적 조건을 언급할 때 사용.

문장1 + before/after + 문장2 = ~(문장2)전에/후에 **~(문장1)이다**

Brush your teeth	before you go to bed.
너의 이빨을 닦아라	네가 잠자리에 가기 전에

---

brush = 솔질을 하다
tooth = (1개의) 이빨 / teeth = (여러 개의) 이빨
brush your teeth = 너의 이빨을 닦다
go to bed = 침대(잠자리)로 가다 → 잠을 자러 가다

Brush your teeth before you go to bed.

[직역] 네가 잠자리에 가기 전에 너의 이빨을 닦아라.
[의역] 자러 가기 전에 양치질해라.

문장 3번 따라 쓰기

영작해서 2번씩 쓰기

① 우리 조부모님은 내가 태어나기 전에 돌아가셨어.

힌트 grandparents = 조부모님 / die = 죽다 (die의 과거형은 died) / be born = 태어나다

② 나 샤워한 다음에 TV 볼 거야.

힌트 take a shower = 샤워를 하다

나만의 문장 써 보기

듣고 따라 말해 보기

MP3_093

① My grandparents died before I was born.

② I'll watch TV after I take a shower.

I can't go out because I have work to do.

나 할 일 있어서 못 나가.

문장 파헤치기

because+문장 = ~때문에
문장 앞뒤에 붙여서 '~때문에'라는 원인/이유의 조건을 언급할 때 사용.

문장1+because+문장2 = ~(문장2)때문에 ~(문장1)이다

I can't go out	because I have work to do.
나는 못 나간다	내가 해야 할 일이 있기 때문에

go = 가다
go out = 밖으로 가다, 나가다
work = 일 → work to do = 해야 할 일
have work to do = 해야 할 일이 있다

I can't go out because I have work to do.

[직역] 내가 해야 할 일이 있기 때문에 나는 못 나간다.
[의역] 나 할 일 있어서 못 나가.

문장 3번 따라 쓰기

영작해서 2번씩 쓰기

① 오늘 날씨가 좋아서 기분이 좋네.

힌트 feel <u>good</u> = 좋게 느끼다 (기분이 좋다) / weather = 날씨 / nice = 좋은

② 걔(남자)는 말이 너무 많아서 나 걔 안 좋아해.

힌트 talk <u>too much</u> = 너무 많이 말하다 (말이 많다)

나만의 문장 써 보기

듣고 따라 말해 보기

영작 모범 답안

① I feel good because the weather is nice today.

② I don't like him because he talks too much.

DAY 095

Although my mom is 80, she is still healthy.

우리 어머니는 80세인데도 여전히 정정하셔.

문장 파헤치기

although+문장 = ~임에도 불구하고
문장 앞뒤에 붙여서 '~임에도 불구하고'라는 조건을 언급할 때 사용.

Although+문장1, **문장2.**= ~(문장1)임에도 불구하고 **~(문장2)이다.**

Although my mom is 80,	she is still healthy.
나의 엄마는 80세임에도 불구하고	그녀는 여전히 건강하다

사람+be동사+숫자 = ~는 ~살이다
(ex) She is 15(fifteen). = 그녀는 15살이다.
still = 여전히
healthy = 건강한

Although my mom is 80, **she is still healthy.**

[직역] 나의 엄마는 80세임에도 불구하고 그녀는 여전히 건강하다.
[의역] 우리 어머니는 80세인데도 여전히 정정하셔.

문장 3번 따라 쓰기

영작해서 2번씩 쓰기

① 난 친구가 많은데도 외로워.

힌트 feel lonely = 외롭게 느끼다 / have many friends = 많은 친구가 있다 (친구가 많다)

② 비록 가사는 이해 못해도 난 팝송이 좋아.

힌트 understand = 이해하다 / lyrics = 가사 / pop song = 팝송

나만의 문장 써 보기

듣고 따라 말해 보기

영작 모범 답안

MP3_095

① I feel lonely although I have many friends.

② Although I don't understand the lyrics, I like pop songs.

231

DAY 096

I think you should apologize to him.

난 네가 걔한테 사과해야 된다고 봐.

문장 파헤치기

I think+that+문장 = 나는 ~이라고 생각한다
'that+문장'이라는 구문은 'that절'이라고 하며, 여기서 that은 생략 가능.

I think+(that)+문장. = **나는** _____이라고 **생각한다**.

I think	(that) you should apologize to him.
나는 생각한다	네가 그에게 사과를 해야 한다고

apologize = 사과하다
apologize to 사람[목적격] = ~에게 사과하다
should+동사원형 = ~하는 것이 좋다
(위 표현은 '(부드럽게) ~해야 된다'라고 권고하는 표현)

I think you should apologize to him.

[직역] 나는 네가 그에게 사과를 해야 한다고 생각한다.
[의역] 난 네가 걔한테 사과해야 된다고 봐.

문장 3번 따라 쓰기

영작해서 2번씩 쓰기

① 제 생각에 우리 짧게 쉬는 게 좋겠어요.

힌트 take <u>a short break</u> = 짧은 휴식을 취하다

② 내 생각에 우리가 큰 실수를 저지르고 있는 것 같아.

힌트 make <u>a big mistake</u> = 큰 실수를 만들다 (큰 실수를 저지르다)

나만의 문장 써 보기

듣고 따라 말해 보기

영작 모범 답안

MP3_096

① I think we should take a short break.

② I think we are making a big mistake.

_____ 월 _____ 일

I don't think I can make it on time.

나 시간 맞춰 못 갈 것 같아.

문장 파헤치기

'think'는 일반동사이므로 부정형은 'don't/doesn't think'
그리고 Yes/No 의문문은 문장 앞에 'Do/Does'를 붙여서 만듦.

I don't think + (that) + 문장. = **나는** _____ 이라고 **생각하지 않는다.**
Do you think + (that) + 문장? = **너는** _____ 이라고 **생각하니?**

I don't think	(that) I can make it on time.
나는 생각하지 않는다	내가 정시에 맞춰 갈 수 있다고

make it = (어떤 곳에 간신히) 시간 맞춰 가다
on time = 정시에, 시간을 어기지 않고
make it on time = 정시에 맞춰 가다

I don't think I can make it on time.

[직역] 나는 내가 정시에 맞춰 갈 수 있다고 생각하지 않는다.
[의역] 나 시간 맞춰 못 갈 것 같아.

문장 3번 따라 쓰기

- ○
- ○
- ○

영작해서 2번씩 쓰기

① 전 우리에게 선택권이 많이 없다고 봐요.

- ○
- ○

힌트 have <u>much choice</u> = 많은 선택(권)이 있다

② 넌 걔(남자)가 그걸 잘 다룰 수 있을 거라 생각해?

- ○
- ○

힌트 handle = 다루다, 처리하다

나만의 문장 써 보기

- ○
- ○
- ○

듣고 따라 말해 보기

MP3_097

영작 모범 답안

① I don't think we have much choice.

② Do you think he can handle it?

235

I heard that you are moving to Seoul.

나 너 서울로 이사 간다는 얘기 들었어.

문장 파헤치기

hear = 듣다 (과거형은 heard)
'나 ~이라는 걸 <u>들었어</u>'라고 할 땐 과거형 'heard'를 써서 말해야 함.

I heard+(that)+문장. = **나는** _____이라는 걸 **들었다.**

I heard	(that) you are moving to Seoul.
나는 들었다	네가 서울로 이사를 간다는 걸

move = 움직이다; 이사하다
move <u>to</u>+장소 = ~으로 이사를 가다
be moving <u>to</u>+장소 = ~으로 이사를 갈 것이다
(현재진행시제(be동사+동사원형+ing)는 가까운 미래를 말할 때도 사용)

I heard that you are moving to Seoul.

[직역] 나는 네가 서울로 이사를 간다는 걸 들었다.
[의역] 나 너 서울로 이사 간다는 얘기 들었어.

문장 3번 따라 쓰기

○

○

○

영작해서 2번씩 쓰기

① 어제 짐(Jim)이 차 사고를 당했다는 소식 들었어.

○

○

힌트 have a car accident = 차 사고를 당하다 (have의 과거형은 had)

② 너 걔들이 헤어졌다는 얘기 들었어?

○

○

힌트 break up = 헤어지다 (break의 과거형은 broke)

나만의 문장 써 보기

○

○

○

듣고 따라 말해 보기

MP3_098

① I heard that Jim had a car accident yesterday.

② Did you hear that they broke up?

I'm sure you must be very busy now.

너 지금 굉장히 바쁠 게 분명할 거야.

문장 파헤치기

sure = 확신하는
I'm sure = 나는 확신한다

I'm sure+(that)+문장. = **나는 _____이라고 확신한다.**

I'm sure	(that) you must be very busy now.
나는 확신한다	네가 지금 매우 바쁜 게 틀림없다고

busy = 바쁜
very busy = 매우 바쁜
be very busy = 매우 바쁘다
must be very busy = 매우 바쁜 게 틀림없다

I'm sure you must be very busy now.

[직역] 나는 네가 지금 매우 바쁜 게 틀림없다고 확신한다.
[의역] 너 지금 굉장히 바쁠 게 분명할 거야.

문장 3번 따라 쓰기

○ .

○

○

영작해서 2번씩 쓰기

① 난 모든 게 다 괜찮아질 거라고 확신해.

○

○

힌트 everything = 모든 것 / all right = 다 괜찮은

② 너 문 잠근 거 확실해?

○

○

힌트 lock the door = 문을 잠그다 (lock의 과거형은 locked)

나만의 문장 써 보기

○

○

○

듣고 따라 말해 보기

영작 모범 답안

① I'm sure everything will be all right.

② Are you sure you locked the door?

DAY 100

I'm not sure
if I can afford it.

나 이걸 살 수 있는 능력이 될지 모르겠어.

I'm not sure = 나는 확신하지 못한다
if+문장 = ~인지 아닌지

I'm not sure+if+문장. = **나는 _____인지 아닌지 확신하지 못한다.**

I'm not sure	if I can afford it.
나는 확신하지 못한다	내가 이것을 살 수 있을지 아닐지

afford = (~을 하거나 살) 여유[형편]가 되다
afford+명사 = ~을 살 수 있다, ~을 감당할 수 있다
(ex) afford a new car = 새 차를 살 수 있다(능력이 되다)
　　　afford a house = 집을 살 수 있다(능력이 되다)

I'm not sure if I can afford this.

[직역] 나는 내가 이것을 살 수 있을지 아닐지 확신하지 못한다.
[의역] 나 이걸 살 수 있는 능력이 될지 모르겠어.

문장 3번 따라 쓰기

영작해서 2번씩 쓰기

① 그 사람들이 아직 거기 있을지 모르겠어.

힌트 still = 아직도 / be there = 그곳이다 (그곳[거기]에 있다)

② 네가 아직도 날 기억하고 있는지 모르겠다.

힌트 remember+사람[목적격] = ~을 기억하다

나만의 문장 써 보기

듣고 따라 말해 보기

영작 모범 답안

① I'm not sure if they are still there.

② I'm not sure if you still remember me.

매일 1장

영어 쓰기 습관

100일의 기적

부록

핵심 문법 총정리

CHAPTER 01 ~이다

be동사는 '~이다'라는 뜻의 동사로서 주어가 무엇인지에 따라 'am, are, is'의 형태로 사용되며, be동사는 크게 '(1) 주어가 ~(이라는 것/사람)이다 / (2) 주어가 ~(이라는 성질/상태)이다 / (3) 주어가 ~(이라는 위치에 있는 상태)이다'와 같이 말할 때 씁니다.

① be동사-1 | am
주어가 I일 때 사용
I am ____. = 나는 ____이다.

② be동사-2 | are
주어가 You/We/They/These/Those/복수(대)명사일 때 사용
You are ____. = 너는[너희들은] ____이다.

③ be동사-3 | is
주어가 He/She/This/That/3인칭 단수(대)명사일 때 사용
He/She is ____. = 그는/그녀는 ____이다.

④ 평서문-1 | 주어+be동사+명사
I am a big fan of Korean food. = 나는 한식의 큰 팬이다.

⑤ 평서문-2 | 주어+be동사+형용사
He is interested in her. = 그는 그녀에게 관심이 있다.

⑥ 평서문-3 | 주어+be동사+전치사구
We are in the office. = 우리는 사무실 안이다.

⑦ 부정문 | 주어+be동사+not+주격 보어
This is not my bag. = 이것은 내 가방이 아니다.

⑧ Yes/No 의문문 | be동사+주어+주격 보어?
Are you a good singer? = 넌 노래 잘하는 사람이니?

CHAPTER 02 ~한다

be동사(~이다) 외에 'sleep(자다), eat(먹다), think(생각하다)'와 같이 '~한다'라는 뜻의 모든 동사를 일반동사라고 합니다. 그리고 영어 문장은 크게 5가지의 형태로 분류되며, 이를 '1형식, 2형식, 3형식, 4형식, 5형식'이라는 문법 용어로 지칭합니다.

① 1형식 | 주어+동사

I(주어) work(동사). = 나는/일한다.

② 2형식 | 주어+동사+주격 보어

She(주어) looks(동사) sad(주격 보어). = 그녀는/~해 보인다/슬퍼.

③ 3형식 | 주어+동사+목적어

He(주어) has(동사) a car(목적어). = 그는/가지고 있다/차를.

④ 4형식 | 주어+동사+간접 목적어+직접 목적어

It(주어) gives(동사) me(간·목) the creeps(직·목). = 이건/준다/내게/소름을.

⑤ 5형식 | 주어+동사+목적어+목적격 보어

This(주어) makes(동사) me(목적어) sad(목·보). = 이건/만든다/나를/슬프게.

⑥ 부정문 | 주어+don't/doesn't+동사원형

I(주어) don't cry(동사원형). = 난/않는다/울지.

⑦ Yes/No 의문문 | Do/Does+주어+동사원형?

Does he(주어) smoke(동사원형)? = ~하니/그는/담배를 피다?

⑧ 명령문 | 동사원형.

Stop(동사원형)! = 그만해라!

CHAPTER 03 ~인/한 편이다

일정한 빈도수로 반복해서 하는 행동들을 말할 때 '빈도부사'를 써서 말할 수 있습니다. 이러한 빈도부사들은 반복 횟수가 100%일 때 쓰는 always(항상)부터 반복 횟수가 0%인 never(전혀 안 ~)까지 횟수가 얼마나 되는지 여부에 따라 골라 쓸 수 있습니다.

① **always** │ 항상 (빈도수가 100%)
   <u>always</u> full of people = <u>항상</u> 사람들로 가득한

② **usually** │ 대개, 보통 (빈도수가 약 80%)
   <u>usually</u> eat cup noodles = <u>대개</u> 컵라면을 먹는다

③ **often** │ 자주 (빈도수가 약 60%)
   <u>often</u> go to the movies = <u>자주</u> 영화를 보러 간다

④ **sometimes** │ 가끔 (빈도수가 약 40%)
   <u>sometimes</u> get a sharp pain = <u>종종</u> 찌릿한 통증이 있다

⑤ **rarely** │ 드물게 (빈도수가 약 20%)
   <u>rarely</u> see him these days = 요즘 그를 <u>드물게</u> 본다

⑥ **never** │ 전혀 안 ~ (빈도수가 0%)
   <u>never</u> breaks his promise = 약속을 <u>전혀 안</u> 깬다

⑦ **every+때** │ 매 ~
   <u>every</u> morning = <u>매</u>(일) 아침 / <u>every</u> week = 매주

⑧ **on 요일-s** │ ~요일마다
   <u>on</u> Mondays = 월요일<u>마다</u> / <u>on</u> Fridays = 금요일<u>마다</u>

⑨ **횟수+a day/week/month/year** │ 1일/1주/1달/1년에 ~번
   <u>once</u> a year = 1년에 <u>1번</u> / <u>twice</u> a week = 일주일에 <u>2번</u>

CHAPTER 04 ~였다/했다

영어에선 과거에 대해 말할 때 반드시 '과거시제 동사'를 써서 말해야 합니다. 그리고 과거시제 동사는 크게 (1) 동사원형 뒤에 -ed가 붙는 '규칙 변화형', (2) 규칙 없이 모양이 완전히 다르게 변하는 '불규칙 변화형'으로 나뉩니다.

① **규칙 변화형-1** | 동사원형-ed
work (일하다) - work**ed** (일했다)

② **규칙 변화형-2** | '자음+y'로 끝나는 단어
y가 i로 바뀐 다음 그 뒤에 -ed가 붙는 과거형 동사
study (공부하다) - stud**ied** (공부했다)

③ **규칙 변화형-3** | '자음+모음+자음'으로 끝나는 단어
단어 끝 자음이 한 번 더 추가된 뒤 -ed가 붙는 과거형 동사
plan (계획하다) - plan**ned** (계획했다)

④ **불규칙 변화형** | 현재형과 과거형이 완전히 다름
be (~이다) - **was/were** (~였다) / have (가지다) - **had** (가졌다)
buy (사다) - **bought** (샀다) / make (만들다) - **made** (만들었다)

⑤ **부정문-1** | was/were+not
We **were not** friends. = 우린 친구가 아니었다.

⑥ **부정문-2** | didn't+동사원형
I **didn't do** anything. = 난 아무것도 안 했다.

⑦ **Yes/No 의문문-1** | Was/Were+주어+주격 보어?
Were you in the office? = 너 사무실에 있었니?

⑧ **Yes/No 의문문-2** | Did+주어+동사원형?
Did you **see** the news? = 너 뉴스 봤니?

CHAPTER 05 ~일/할 것이다

영어에선 미래에 대해 말할 때 'will, be going to'라는 표현을 동사원형 앞에 붙여서 말합니다. will은 '확정되지 않은 막연한 미래'에 대해 말할 때, be going to는 미리 생각해 두거나 계획해서 '일어날 것이 예상되는 미래'에 대해 말할 때 씁니다.

① will+동사원형 | [막연히] ~일/할 것이다
I **will call** you later. = 나중에 너에게 전화할 것이다.
Everything **will be** all right. = 모든 건 다 괜찮아질 것이다.

② am/is/are going to+동사원형 | [계획대로] ~일/할 것이다
I **am going to leave** soon. = 난 곧 떠날 것이다.
We **are going to stay** here. = 우린 여기에 머물 것이다.

③ was/were going to+동사원형 | [계획대로] ~하려고 했다
I **was going to tell** you. = 난 너에게 말하려고 했었다.

④ was/were about to+동사원형 | ~하려던 참이었다
I **was about to have** dinner. = 난 저녁을 먹으려던 참이었다.

⑤ 부정문-1 | will+not+동사원형
I **will not be** home. = 난 집에 없을 것이다.

⑥ 부정문-2 | be not going to+동사원형
I **am not going to lie** to you. = 난 네게 거짓말 안 할 거야.

⑦ Yes/No 의문문-1 | Will+주어+동사원형?
Will you **come** to the party? = 너 파티에 올 거야?

⑧ Yes/No 의문문-2 | Is/Are+주어+going to+동사원형?
Are you **going to join** us? = 너 우리에게 합류할 거야?

CHAPTER 06 to-동사원형

to부정사라 불리는 to-동사원형은 크게 '(1) ~하는 것 / (2) ~할 / (3) ~하기 위해'라는 뜻으로 사용되며, 일부 동사들은 'want to-동사원형(~하는 것을 원하다), need to-동사원형(~하는 것이 필요하다)'와 같이 to-동사원형과 세트로 외워야 하는 경우도 많습니다.

① **명사적 용법** | ~하는 것
I want **to be friends**. = 나는 친구가 되는 것을 원한다.
I need **to lose weight**. = 나는 살 빼는 것이 필요하다.

② **형용사적 용법-1** | ~할 (time/chance)
time **to talk** = 말할 시간 / chance **to meet** = 만날 기회

③ **형용사적 용법-2** | ~할 (something)
something **to drink** = 마실 것 / something **to eat** = 먹을 것

④ **부사적 용법** | ~하기 위해
I tried **to go back to sleep**. = 나는 다시 잠들기 위해 노력했다.
I took a taxi **to arrive in time**. = 나는 시간 내에 도착하기 위해 택시를 탔다.

⑤ **부정형** | not+to-동사원형
decide **not to go** = 가지 않는 것을 결정하다

⑥ **5형식에서의 사용-1** | 주어+want+목적어+to-동사원형
I want you to stop. = 나는/원한다/너에게/멈출 것을.

⑦ **5형식에서의 사용-2** | 주어+ask+목적어+to-동사원형
I asked him to come. = 나는/부탁했다/그에게/올 것을.

⑧ **seem to-동사원형** | ~인/하는 것처럼 보이다
He seems to be a nice person. = 그는 좋은 사람인 것처럼 보인다.

CHAPTER 07 동사원형-ing

동명사라 불리는 '동사원형-ing'는 크게 (1) '~하는 것'이라는 뜻, (2) be동사와 맞물려 '~하는 중이다'라는 진행시제로 사용됩니다. (1)번의 경우 'enjoy+동사원형-ing(~하는 것을 즐기다)'와 같이 동사원형-ing와 세트로 외워야 하는 동사들도 많습니다.

① **명사적 용법** | ~하는 것

I like **watching** soccer games. = 난 축구 경기 보는 것을 좋아한다.
He stopped **talking**. = 그는 말하는 것을 멈췄다.

② **전치사와의 사용** | 전치사+동사원형-ing

good **at making** new friends = 새 친구 만드는 것에 능한

③ **접속사와의 사용** | 접속사+동사원형-ing

after having dinner = 저녁을 먹은 (것) 이후에

④ **부정형** | not+동사원형-ing

sorry for **not calling** = 전화하지 않은 것에 미안한

⑤ **현재진행시제-1** | be동사+동사원형-ing / (지금) ~하는 중이다

I **am looking for** a restroom. = 난 화장실을 찾고 있는 중이다.

⑥ **현재진행시제-2** | (요즘/현재) ~하고 있다

I **am not working** at the moment. = 난 현재 일을 안 하고 있다.

⑦ **현재진행시제-3** | (곧) ~할 것이다

He **is leaving** tomorrow. = 그는 내일 떠날 것이다.

⑧ **과거/미래진행시제** | ~하고 있었다/~하고 있을 것이다

I **was talking** to him. = 난 그에게 말하고 있었다.
I **will be working**. = 난 일하고 있을 것이다.

CHAPTER 08 조동사

조동사는 말 그대로 '동사를 도와주는 역할'을 하는 동사입니다. 예를 들어 'go(가다)'와 같은 동사 앞에 붙어서 'can go(갈 수 있다), might go(갈 수도 있다), must go(가야 한다), should go(가는 것이 좋다)'와 같이 동사와 맞물려 사용됩니다.

① can+동사원형-1 | [능력] ~일/할 수 있다

You **can do** better next time. = 넌 다음 번에 더 잘 할 수 있다.
I **cannot(can't) see** anything. = 난 아무것도 볼 수 없다.

② can+동사원형-2 | [가능/허락] ~해도 된다

You **can call** me anytime. = 넌 내게 언제든 전화해도 된다.
Can I **use** your bathroom? = 화장실을 써도 되나요?

③ might+동사원형 | [추측] ~일/할 수도 있다

I **might go** to bed early. = 난 일찍 자러 갈 수도 있다.

④ must+동사원형-1 | [확신] ~인/한 게 틀림없다

You **must be** very tired. = 넌 매우 피곤한 것임이 분명하다.

⑤ must+동사원형-2 | [의무] ~해야 한다

You **must see** a doctor. = 넌 의사를 (만나) 봐야 한다.

⑥ have to+동사원형 | [의무] ~해야 한다

I **have to finish** my work. = 난 내 일을 끝내야 한다.

⑦ don't have to+동사원형 | ~하지 않아도 된다

I **don't have to go** to work. = 난 일하러 가지 않아도 된다.

⑧ should+동사원형 | [권고] ~하는 것이 좋다, ~해야 한다

You **should sleep** early. = 넌 일찍 자야 한다.

CHAPTER 09 육하원칙 질문

'네, 아니오'로 답하는 단순한 Yes/No 의문문이 아닌 '누가, 언제, 어디서, 무엇을, 어떻게, 왜'라고 묻는 육하원칙 질문은 'who(누가/누구), when(언제), where(어디에서), what(무엇이/무엇을), how(어떻게), why(왜)'라는 의문사를 사용해서 말합니다.

① **what** | 무엇이, 무엇을
What is your name? = 너의 이름은 무엇이니?
What do you want to do? = 넌 무엇을 하길 원하니?

② **what+명사** | 어떤 ~
What kind of food do you like? = 넌 어떤 종류의 음식을 좋아하니?

③ **how** | 어떻게
How is your new job going? = 너의 새 일은 어떻게 되고 있니?

④ **how often / how many+복수 명사** | 얼마나 자주 / 얼마나 많은 ~
How often do you eat out? = 넌 얼마나 자주 외식하니?
How many people live in Seoul? = 얼마나 많은 사람들이 서울에 사니?

⑤ **where** | 어디(에서)
Where did you first meet him? = 넌 그를 어디에서 처음 만났니?

⑥ **when** | 언제
When are you available? = 넌 언제 시간이 되니?

⑦ **who** | 누가, 누구
Who are you waiting for? = 넌 누구를 기다리고 있니?

⑧ **why** | 왜
Why did you do that? = 넌 왜 그것을 했니?

CHAPTER 10 문장+문장

영어에선 'when(~인 때), because(~때문에), after(~후에)'와 같은 다양한 접속사를 이용하여 2개의 문장을 하나로 연결해서 말할 수 있고, that절이라 불리는 'that+문장'을 활용하여 '~(that절)이라고 생각하다/들었다/확신한다'와 같이 말할 수도 있습니다.

① when+문장 | ~인 때
I was 20 **when I first met him**. = 그를 처음 만났을 때 난 20살이었다.

② while+문장 | ~인 동안
I fell asleep **while I was watching TV**. = 나는 TV를 보는 동안 잠들었다.

③ after/before+문장 | ~인 후에/전에
I'll watch TV **after I take a shower**. = 난 샤워하고 난 후 TV를 볼 것이다.

④ because+문장 | ~인 것 때문에
I can't go out **because I have to work**. = 난 일해야 해서 나갈 수 없다.

⑤ although+문장 | ~임에도 불구하고
She is very healthy **although she is 80**. = 그녀는 80임에도 매우 건강하다.

⑥ I (don't) think+that+문장 | ~이라고 생각한다(생각 안 한다)
I think **(that) she is pretty**. = 난 그녀가 예쁘다고 생각한다.
I don't think **(that) he can do it**. = 난 그가 그걸 할 수 있다고 생각 안 한다.

⑦ I heard+that+문장 | ~인 것을 들었다
I heard **(that) they broke up**. = 난 그들이 헤어졌다는 것을 들었다.

⑧ I'm (not) sure+that/if+문장 | ~이라고 확신한다(~인지 확신 못한다)
I'm sure **(that) you must be busy**. = 난 네가 바쁠 게 분명하다고 확신한다.
I'm not sure **if he will come**. = 난 그가 올 것인지 확신 못하겠다.